大都會文化
METROPOLITAN CULTURE

大都會文化
METROPOLITAN CULTURE

不計較，但你也別吃虧

代序

人生：
人生的目標是什麼？
人生的目標是賺錢。
人生的目標是吃喝玩樂。
人生的目標是做官、發財……
人生的目標是家庭，是責任。
人生的目標是事業，是榮譽，是正直，是良心。
人生中有苦悶、迷茫，甚至墮落。
還好，我們還有清醒！

目錄

第1章 不計較，是不想氣死自己

第3章

不計較過去，快樂每一天

第4章

不計較不完美，缺憾也是一種美 163

第5章 心中不計較，天天都是好日子

第6章 生活不計較，心靈不吃虧 261

第1章 不計較，是不想氣死自己

人生是短暫的，為了一些小事計較生氣，浪費你的時間、耗費你的精力是不值得的。英國著名作家迪斯雷利曾經說過：「為小事生氣的人，生命是短暫的。」如果你真正理解了這句話的深刻含義，你就不會再為一些不值一提的小事情而生氣了。

別為小事抓狂

有一個人夜裡做了個夢，在夢中，他看到一位頭戴白帽，腳穿白鞋，腰佩黑劍的壯士，向他大聲叱責，並朝他的臉上吐口水，嚇得他從夢中驚醒過來。次日，他悶悶不樂地對朋友說：「我自小到大從未受過別人的侮辱，但昨夜夢裡卻被人辱罵並吐了口水，我很不甘心，一定要找出這個人來，否則我將一死了之。」於是，他每天一早起來，便站在熙熙攘攘的十字路口處尋找夢中的敵人。幾個星期過去了，他仍然找不到這個人。結果，他竟自刎而死。

看到這個故事，你也許會嘲笑主人公的愚蠢，做夢是一件極其平常的小事，做噩夢也是常有的事，怎麼能為此而放棄生命呢？但生活中就有許多人為小事抓狂，不惜與別人鬧翻，甚至大打出手。

我們通常能勇敢地面對生活中一些大的危機，卻經常被一些芝麻大的小事搞得垂頭喪氣。

一九六五年九月，世界撞球冠軍爭奪賽在美國紐約舉行。路易士．福克斯的得分一路遙遙領先，只要再得幾分便可穩拿冠軍了。就在這個時候，他發現一隻蒼蠅落在主球上，他揮手將蒼蠅趕走。可是，當他俯身擊球的時候，那隻蒼蠅又飛回來了，他起身驅趕蒼蠅。但蒼蠅好像是有意跟他作對，他一回到球桌，牠就又飛回到主球上來，引得周圍的觀眾哈哈大笑。

路易士．福克斯的情緒惡劣到了極點，終於失去理智，憤怒地用球杆去擊打蒼蠅，球杆碰動了主球，裁判判他擊球，他因此失去了一輪機會。路易士．福克斯方寸大亂，連連失利，而對手約翰．迪瑞則愈戰愈勇，最後奪得冠軍。第二天早上，人們在河裡發現了路易士．福克斯的屍體，他投河自殺了！

一隻小小的蒼蠅，竟然擊倒了所向無敵的世界冠軍！

人生是短暫的，為這些小事浪費你的時間、耗費你的精力是不值得的。英國著名作家迪斯雷利曾經說過：「為小事生氣的人，生命是短暫的。」如果你真正理解了這句話的深刻含義，你就不會再為一些不值一提的小事情而生氣了。

要想克服一些小事引起的煩惱，只要把看法和重點轉移一下就可以了——讓你有一個新的、開心點的看法。有位著名作家曾說：「過去我在寫作的時候，常常被公寓照明燈的聲響吵得快要發瘋。後來，有一次我和幾個朋友出去露營，當我聽到木柴燃燒的爆裂聲時，突然想到，這些聲音和照明燈的聲響一樣，為什麼我會喜歡這個聲音而討厭那個聲音呢？回來後我告誡自己：『火堆裡木頭的爆裂聲很好聽，照明燈的聲音也差不多。我完全可以蒙頭大睡，不去理會這些噪音。』結果，頭幾天我還注意它的聲音，但不久我就完全忘記了它。」

別為小事抓狂。意味著我們對待一些委屈和難堪的遭遇，要以健康積極的態度去化解。如果能從中得到更大的益處，不也是另一種收穫嗎？這不是比到處記恨別人，處處結下冤家強嗎？

我們不能被小事情絆住前進的腳步。生活需要你面對自己的不幸與失意，需要你在人生低谷的時候奮起，需要你在痛苦時尋找快樂，在憤怒時選擇冷靜，在執迷時敢於放棄，在失意時學會忘記！人之所以能夠主宰這個世界，並不是因為我們有強壯的身體，也不是因為我們有鋒利的牙齒，而是因為我們有一個充滿智慧的大腦，一個看開世事、不為小事煩惱的豁達心態。

只要能夠以一種平和的心態對待生活中的一些瑣事，那麼，你就會享受到生活本應有的快樂與幸福。凡事看得開，凡事看得透，凡事看得遠，凡事看得準，凡事看得淡，這要運用我們的人生智慧。保持一種超然淡泊而又洞若觀火的心境，就必然不會再在意小事，再為一些無謂的小事而煩惱。

轉個念不吃虧

生活中，我們常常會因為一些小事與別人發生摩擦。一次小的吵架也只是短短的幾分鐘，但是事後你卻一直記掛著這件事，不停地折磨自己，每想起一次就生氣一次，認為都是別人的錯，都是那個人惹自己生氣，其實是我們自己讓自己生氣。學著大度一點，別為小事抓狂，你才會過得開心、快樂。

生氣，傷心又傷身

有一個人多年來一直生活在憤怒、仇恨、沮喪和痛苦之中，而導致他如此痛苦不堪的原因卻只是一件小事。

他和他的大學同學畢業後，一起去一家公司工作。他們是無話不談的哥兒們。有一次，他們一起拜訪了一位大客戶，已經有了合作的意向，幾乎談成一筆大生意，只等第二天簽約。他和他的同學非常興奮，在宿舍裡喝酒慶祝，結果他喝得酩酊大醉，一直睡到第二天清晨。醒來後，發現他的同學已經不見了，等去了公司才得知，同學竟趁他爛醉如泥的時候，提前簽成那筆生意。當然，所有的功勞都成了同學一個人的。

他去找同學算帳，對方辯解說，喝完酒，心裡不踏實，所以打算連夜將那個合約搞定，想和他一起去，可是叫了他半個小時，也沒能把他叫醒。他當然不信，可是有什麼用呢？因為那筆大生意，他的同學升了職，並一直做到部門經理；而他依然是公司的小業務員。

他接受了事實，繼續埋頭苦幹，一年後也升了職。但他就是不能原諒那個同學，他和同學徹底絕交，拒絕出席一切有那個同學在的場合。他說只要看到同學那張臉，他就憤怒到極點，恨不得將那張臉揍扁。

他說，他什麼都可以寬容，就是不能夠寬容卑鄙；他誰都可以原諒，就是不能夠原諒這個同學。

後來，同學多次找他，跟他道歉，可是他對同學的道歉總是置之不理。其實他自己也並不快樂，儘管他也升到了部門經理，但同在一間公司，哪怕再小心翼翼，也難免會見面。每到這時，他就會把頭扭向一邊，臉色鐵青，即使一秒鐘前他還在捧腹大笑。

他也覺得自己很難受。本來，犯錯的是同學，要受到心靈懲罰的，也應該是那位同學，怎麼到最後，難受的人竟成了自己？並且，一直持續了好幾年。

而他之所以難受，是因為他有了太多的恨。如果一個人對另一個人有了仇恨，他就會不快樂。多年來，他對同學的仇恨在心中被無限放大，最終變得根深蒂固。心中被仇恨占滿了，快樂放在哪裡呢？原諒同學曾經的過錯，其實對於他自己也是一種解脫。

後來，這個人最終還是試著跟那個同學交流了一下，結果多年的積怨一掃而光，他們再次成了朋友。因為不必再刻意回避同學，所以他的事業也更加順利，並再次升了職。

原諒了他，就等於解脫了自己，為什麼不呢？

我們仔細想想，我們為使別人痛苦，而自己的痛苦仍然存在，那又有什麼快樂，有什麼滿足呢？生氣，傷心又傷身。要減輕傷痛，除了忘記，便是寬恕，再沒有更好的辦法了。

本田宗一郎是本田車系列的創始人，本田公司的技術員工曾經受過本田先生嚴格的訓練，如果他們稍有不慎，違背了本田的意願和方針，就會隨時遭到本田的一頓臭罵或拳腳毒打。

一天，杉浦正在辦公室認真地工作，突然一個部下通知他說本田找他，杉浦急忙趕到本田的辦公室，詢問有什麼指示。誰知本田二話不說，猛力地用他那粗壯有力的右手，給了杉浦一巴掌，杉浦還不知道什麼原因，愣在原地問：「董事長，到底出了什麼事情？」原來問題出在螺絲釘的長度，比實際需要的長了三公釐。「誰叫他們如此馬虎地設計？是你吧！」杉浦還來不及解釋，又挨了本田一巴掌。

遇到這樣的情況，大概每個人都會非常氣憤，杉浦正要說自己不幹了的時候，一抬頭發現本田的雙眼濕潤，雙手輕輕地顫抖著。杉浦克制住脫口而出的話，深深地吸了口氣，冷靜反省和重新審視自己，他認識到，沒有了品質作支撐，對於本田公司的每一個員工來說，都將面臨災難。於是，杉浦對本田說：「對不起，我決定全部重做，希望得到你的諒解，以後我知道該怎麼做。」

「我也不該打人，可以原諒我嗎？」本田臉上露出了真誠的歉疚，並拍了拍杉浦的肩膀。

杉浦咬了嘴唇，用力地點頭。本田伸出了手，「就靠你們了，辛苦了，謝謝！」兩雙手緊緊地握在一起。

西方有位哲人曾說：「偉大的人物有兩顆心靈，一顆在流血，一顆在原諒。人與人之間難免有碰撞、有摩擦、有矛盾，或許對方根本就是無意，或許對方有難言之隱，退一步天地寬，不妨一笑置之，給別人也給自己一次機會，也許會有意想不到的收穫。」

原諒別人需要有寬廣的胸懷，吃虧並不代表軟弱可欺，而是因為原諒比報復要好得多。

轉個念不吃虧

在我們現實生活中，是否走了彎路其實並不十分重要，重要的是：他是整天牢騷滿腹、憂慮重重，還是自我反省、從容面對？遇到問題時，不要害怕讓步，讓步不是吃虧，而是站在另一個角度審視思考問題。只有站在新的角度看待問題，才會發現問題的真實性，而小人物卻總是堅持己見以維護尊嚴，即使做錯了，也不願意主動承認。

忍讓是一種策略

世人的許多怒氣大都來自貪婪和自私，鄰里之間的爭吵、馬路上的爭吵，無非為了一點小利，或受了一點小侵害，如果能用一顆淡泊的心看待這些，怒氣自然就小了，也就不會為了一點小小的得失而大發雷霆。

在我們身邊，也不乏因生氣、盛怒而身亡者，正如俗話所說：「一碗飯填不飽肚子，一口氣能把人撐死。」

一天，幾個人衝進美國總統威廉・麥金利的辦公室，向他提出抗議，為首的是一個議員，脾氣很大，開口就用難聽的話咒罵總統。而總統麥金利卻顯得十分平靜，他知道，現在做解釋，只會導致更激烈的爭吵，這對自己是很不利的，所以他一言不發，默默地聽著這些人叫嚷，任他們發洩怒氣。直到這些人說得精疲力竭了，他才溫和地問：「現在你們覺得好些了嗎？」

那個議員的臉立刻紅了，總統平和而略帶譏諷的態度，使他覺得自己矮了一截，他彷彿覺得自己粗暴的指責根本站不住腳，而總統可能根本就沒錯。

後來，總統開始解釋自己為什麼要做那項決定，為什麼不能更改，這位議員雖沒完全聽懂，但他在心理上已經完全服從總統了。他回去報告交涉結果時，只是說：「夥計們，我忘了總統所說的是什麼了，不過他是對的。」

麥金利總統憑著他的自制力，在心理上打了一場勝仗。

在生活或工作中，當與人發生矛盾、衝突的時候，你會用什麼方式去解決呢？

有一個牧場主人養了許多羊，他的鄰居是獵人，院子裡養了一群凶猛的獵狗。這些獵狗經常跳過柵欄，襲擊牧場主人的小羊。牧場主人幾次請獵人把獵狗關好，但獵人不以為然，雖然口頭上答應了，但沒過幾天，他家的獵狗又跳進牧場橫衝直撞，咬傷了好幾隻小羊。

忍無可忍的牧場主人去找鎮上的法官評理。聽了他的控訴，明理的法官說：「我可以處罰那個獵人，也可以發布法令讓他把獵狗鎖起來，但這樣一來你就失去了一個朋友，多了一個敵人。你是願意和敵人當鄰居呢？還是和朋友當鄰居？」

「當然是和朋友。」牧場主人說。

「那好，我給你出個主意，按我說的去做，不但可以保證你的羊群不再受到騷擾，還會為你贏得一個友善的鄰居。」法官如此這般交代一番，牧場主人連連稱是。

一到家，牧場主人就按法官說的挑選了三隻最可愛的小羊，送給獵人的三個兒子。看到潔白溫順的小羊，孩子們如獲至寶，每天放學都要在院子和小羊嬉戲玩耍。因為怕獵狗傷害到兒子們的小羊，獵人做了個大鐵籠，把獵狗嚴嚴實實地鎖了起來。從此，牧場主人的羊群再也沒有受到騷擾。

為了答謝牧場主人的好意，獵人開始送各種野味給他，牧場主人也不時用羊乳酪回贈獵人，漸漸地兩個人成了好朋友。

看完這則故事你有什麼感想呢？如果你和朋友發生矛盾，你會用以惡制惡的方式來討回公道呢？還是用以德報怨的方式，化干戈為玉帛，廣結善緣呢？中國有一句古訓，叫做「退一步海闊天空」，在很多情況下，忍耐往往是制勝的法寶。不管你是真的忍讓也好，還是作為一種策略也好，善於忍讓的人在生活中往往更容易縱橫捭闔、左右逢源。

而且，要在爭論中既不違心聽從對方的建議，又能從善疏導，這是爭論雙方都要有的美德。所謂氣量，還包括了「主動認輸」，這裡所說的「主動認輸」並不意味著失敗或者怯懦，而是自信的一種表現。只有自卑的人才會在爭論中總是「不甘示弱」，非要獲得勝利，即使勝利是毫無意義的。要時刻記得：爭論，並不是解決問題的最佳方法，些許的讓步不但能夠更好地解決問題，而且能夠贏得他人的尊重。

轉個念不吃虧

爭論往往會使雙方更加確信自己是對的，無論是哪一方贏得了爭論的勝利，從本質上來看都是輸家。因為贏的人只是表面上說贏了對方，但未必得到對方真心的認同與尊重，甚至還會引起對方的怨恨，因為你害他丟了面子，傷了他的自尊。

因此，減少不必要的爭論，這對誰都有好處。

不要拿別人的錯誤來懲罰自己

羅蘭是義大利著名的影星，她是最有資格恨她父親的人。因為父親給了她生命，卻拒絕與她的母親結婚，也不承擔任何責任，使羅蘭成為一個人人唾棄的私生女。羅蘭在自傳中寫道：父親僅僅是一個名詞，一個毫無意義的標籤。

當羅蘭成為著名電影演員之後，曾傷感地說：「小時候，我父親哪怕一雙鞋子也從未給過我。」但在父親病危，她去探望時，「一聽到我的聲音，他睜開眼睛勉強地笑了一笑，說『我很高興』。」從此，「我開始真誠地對待我父親，我不再懷恨或咒罵他，我開始對他產生憐憫，我為他傷心，我對他剩下的只有愛。」

在現實生活中，我們的誤解太多了，恩怨太多了，幾乎統統打成死結，這是一個悲劇。羅蘭感悟到：恨是一種強酸，它腐蝕的不是被恨者，而是恨人者。

學會忘記、理解和寬容吧！這將使你減輕痛苦，並且變得快活起來。

一九九四年九月的一天，在義大利境內的一條高速公路上，一對美國夫婦帶著年僅七歲的兒子尼古拉·格林駕車向一個旅遊勝地前進。突然，一輛飛雅特轎車超過他們，車窗內伸出幾支槍管，一陣射擊之後，他們的兒子中彈身亡。

這對夫婦本應該痛恨這個國家，因為在這塊土地上他們失去了愛子。可是，悲傷過去後，他們做出一個令人震驚的決定：把兒子健康的器官捐獻給義大利人！在義大利，即使是正常死亡的本國公民自願捐獻器官的也很罕見。於是，一個十五歲的少年接受了尼古拉·格林的心臟，一個十九歲的少女得到了尼古拉·格林的肝臟，一個二十歲的女性換上了尼古拉．格林的胃，另外兩個孩子分別得到了尼古拉．格林的兩個腎。五個義大利人在這份生命的饋贈中得救了。這件轟動一時的事，足以令所有的義大利人汗顏！

一九九四年十月四日，義大利總統斯卡爾法羅將一枚金獎章授予這對美國夫婦，因為他們擁有容納百川的胸懷以及忘記恩怨、悲憫世人的情操，還有以德報怨的人生境界。

仇恨帶給人們的災難太深重了，應該怎樣把仇恨化作一種美好呢？這對美國夫婦為人們做了一個成功的榜樣。他們的愛子在異國無辜死亡，但他們的理智卻抑制了仇恨的烈焰，並依然做出了令人震驚的決定，使五個年輕人獲得了重生，使冤死的兒子永遠活在義大利人的心中。

寬恕別人，就是善待自己。仇恨只能永遠讓我們的心靈生存在黑暗之中；而寬恕，卻能讓我們的心靈獲得自由、獲得解脫。

其實，寬恕別人的過錯，得益最大的是我們自己，它能讓我們的身心變得健康，生活變得輕鬆愉快。曾有這樣一件案例，荷蘭的　所著名大學的研究人員，組織了一批自願者做了一項有關於「寬恕」的實驗。

自願者們被要求想像他們被人傷害了感情，並反覆「回憶」被傷害時的情景。研究人員發現，此時的志願者在身體上和精神上的壓力同時加大，伴隨著血壓升高，他們的心跳加快、出汗、臉部表情扭曲。之後，研究人員又要求他們停止想自己被別人傷害的事情，雖然沒有剛才的生理反應大，但是某些生理症狀依舊存在。最後，志願者被要求想像已經原諒了自己的「假想敵」，這時，志願者感到身心放鬆並且非常愉快。

這樣，研究人員得出結論：寬恕別人，不意味著為犯錯的人找藉口，而是將目光集中在他們好的方面，從而把自己從痛苦中拯救出來。正應證那句話：不要拿別人的錯誤來懲罰自己。

所以說，善待自己最好的方法就是寬恕別人，忘掉恩怨和仇恨，不要拿別人的錯誤來懲罰自己。一個成熟的、快樂的人，是懂得寬恕別人過錯的人。

轉個念不吃虧

很多人只知道「以牙還牙、以眼還眼」的原則，而捨棄「以善相待」、「以德報怨」的為人之道，總以為把對方搞得吃不香睡不好，才是人生快事。實際上，這種人在害了對方的同時也害了自己。所以，我們為什麼要拿別人的錯誤來懲罰自己呢？真正善於做人的智者，總是敞開胸懷、不計前嫌、放下恩怨，與人和氣相處，然後把心思集中在自己所要做的大事上。

計較，到底是在找誰的麻煩？

有一個人非常幸運地得到了一顆碩大而美麗的珍珠，然而他並不感到滿足，因為在那顆珍珠上面有一個小小的斑點。他想若是能夠將這個小小的斑點除去，那麼它肯定會成為世界上最珍貴的寶物。

於是，他就下狠心削去了珍珠的表層，可是斑點還在；他又削去了一層又一層，直到最後，那個斑點沒有了，而珍珠也不復存在了。

那個人心痛不已，並由此一病不起。在臨終前，他無比懊悔地對家人說：「若當時我不去計較那一個斑點，現在我的手裡還會握著一顆美麗的珍珠啊！」

我們平時斤斤計較於事情的對錯、道理的多寡、感情的厚薄，在智者的眼裡，這種認真卻是很可笑的。

有一句歌詞叫做「計較太多人易老」，其實，計較得越多，失去得越多。

有位女大學生初入社會，找到一份不錯的工作。這份工作她很喜歡，兼具挑戰性和穩定性，長遠看來也挺有發展的潛力。她十分慶幸自己的好運，和同事混熟後，更覺得工作環境和人際關係都很不錯。

一天，她和同事在聊天時，一位比她晚進公司的同事問她月薪多少，兩個人相比較之下，她發現自己比同事的月薪少了一千元。

「那個同事比我晚進公司，工作能力又沒我強，月薪竟然比我高！真是太過分了！」她生氣地說，從此上班也失去了原有的快樂心情。她有種被打敗的感覺，就連原來因為盡全力達成目標時，所帶來的成就感和踏實感也不復存在了。那一千元奪走了她的自尊、內心平靜和自給自足的快樂，所有的事都沒有改變，只因為她覺得自己比別人「少了一些」。

我們終日計較自己「夠不夠多」，而忽視了自己內心真實需要的那份快樂。相反，如果我們解開了這個結，可能會過得更輕鬆、更自由。

聰明的人，有生活智慧的人，會有所不為，只計較對自己最重要的東西，並且知道什麼年齡該計較什麼，不該計較什麼，有取有捨，收放自如。

十歲時，不應計較家裡給的零用錢多少，不和別人家的孩子比穿名牌服裝。少不更事，和人家比吃比穿，還情有可原，年紀到了一個「整數」，就該懂事了。如果家計艱辛，這個年齡的孩子已應該知道父母賺錢不易，即使不能「提籃小賣拾煤渣」，也不可再給父母親添麻煩了。

二十歲時，不應計較自己的家庭出身，不要計較父母的職業。十幾歲時，會和別的孩子比家庭出身，比父母親的官大官小，恨不得都投生帝王之家，也是人之常情。但如果到了「弱冠」之年，尚無自立之志，出身貧困者還為家庭而自卑，老覺得抬不起頭來；出身豪富者還處處依靠父母，在家庭庇護下養尊處優，那就離紈褲子弟不遠了，會一輩子都沒出息。

三十歲時，已成家立業，為人父為人母，有了幾年家庭生活的經驗，丈夫該不再計較妻子的容貌，深知賢慧比美貌更重要，會過日子的媳婦比會打扮的媳婦更讓人待見；老婆該不再計較老公的身高，明白能力比身高更有作用，沒有謀生能力的老公，縱然長成丈二金剛，也還不如賣燒餅的武大郎。

四十歲時，不應計較別人的議論，誰愛說就讓他說，雖然沒有名人的高深道行，但不會再輕易被別人的議論所左右，否則也對不起「不惑」這兩個字啊！

五十歲時，不應計較無處不在的不公平之事，不再計較別人的成功對自己的壓力，不再覬覦他人的財富。半百之年，曾經滄海，閱人無數，見慣秋月春風，不再大驚小怪；歷盡是非成敗，不再憤憤不平。萬物皆有定數，這一把鬍子也不能白長了。

六十歲時，如果經商，不應計較利大利小，錢是賺不完的，再能花也是有限的，心態平和對自己身體有好處；如果從政，應不再計較官大官小，退了休，官大官小一個樣，都叫「退休官員」；如果舞文弄墨，當不再計較文名大小，文壇座次，畢竟「文無第一，武無第二」，只要心情愉悅，有感而發就行了。

七十歲時，人到古稀，不需要計較的東西更多。年輕時爭得你死我活的東西，現在只會淡然一笑，中年時費盡心機格外計較的東西，如今看來已無關緊要，一生多少事，「都付笑談中」。

轉個念不吃虧

計較，到底是在找誰的麻煩？一個快樂的人，不是因為他擁有很多，而是因為他計較很少；一個事事都計較的人，他失去的不僅是快樂，還有很多更珍貴的東西。所以，計較是麻煩的開始，別自找麻煩了！

患得患失，最後什麼也得不到

何為患得患失？患得患失就是一味地擔心得失，斤斤計較個人的得失。患得患失是人生的精神枷鎖，是附在人身上的陰影，是浮躁的一個重要表現形式。

許多人在開始創業時，雖然艱難，但下決心、做決定時很痛快，不會想那麼多。但是當他有了一些成就之後，就變得猶豫不決、患得患失了。因為他以前囊中無物，當然無所謂得失，現在有一些基礎了，就害怕失去這個、失去那個。人在害怕失去的同時，又期望什麼都得到，想要這個、想要那個，所以才痛苦。

從前有一位神射手，名叫后羿。他練就了一身百步穿楊的好本領，立射、跪射、騎射樣樣精通，而且箭箭都射中靶心，幾乎從來沒有失過手。人們爭相傳頌他高超的射箭技術，對他非常敬佩。

夏王也從侍從的嘴裡聽說了這位神射手的本領，也目睹過后羿的表演，十分欣賞他的功夫。有一天，夏王想把后羿召入宮中來，單獨給他一個人演習一番，好盡情領略他那爐火純青的技術。

於是，夏王命人把后羿找來，帶他到御花園裡找了個開闊地帶，叫人拿來了一塊一尺見方，靶心直徑大約一寸的獸皮箭靶，用手指著說：「今天請先生來，是想請你展示一下你精湛的本領，這個箭靶就是你的目標。為了使這次表演不至於因為沒有競爭而沉悶乏味，我來給你定個賞罰規則，如果射中了，我就賞賜你黃金萬兩；如果射不中，就要削減你一千戶的封地。現在請先生開始吧！」

后羿聽了夏王的話，一言不發，面色變得凝重起來。他慢慢走到離箭靶一百步的地方，腳步顯得相當沉重，然後取出一支箭搭上弓弦，擺好姿勢拉開弓開始瞄準。

想到自己這一箭出去可能發生的結果，一向鎮定的后羿呼吸變得急促起來，拉弓的手也微微發抖，瞄了幾次都沒有把箭射出去。后羿終於下定決心鬆開了弦，箭應聲而出，「啪」地一下釘在離靶心足有幾寸遠的地方。后羿臉色一下子白了，再次彎弓搭箭，精神卻更加不集中，射出的箭也偏得更加離譜。

后羿收拾弓箭，勉強陪笑向夏王告辭，悻悻地離開了王宮。夏王在失望的同時，忍不住心中疑惑，就問手下道：「這個神射手后羿，平時射起箭來百發百中，為什麼今天跟他定下了賞罰規則，他就大失水準了呢？」

手下解釋說：「后羿平日射箭，不過是一般練習，在一顆平常心之下，水準自然可以正常發揮。可是今天他射出的成績，直接關係到他的切身利益，叫他怎能靜下心來充分施展技術呢？看來一個人只有真正把賞罰置之度外，才能成為當之無愧的神射手啊！」

患得患失、過分計較自己的利益將會成為我們獲得成功的大礙，我們應當從后羿身上吸取教訓，面臨任何情況時都應盡量保持平常心。

在獵人中流傳著一種抓猴子的方法：他們在岩石上鑿一個口很小的洞，裡面放上猴子愛吃的花生。猴子把手伸進去，抓了滿滿一把花生，怎麼也拿不出來，捨不得放棄那麼多的花生，這時獵人就把猴子抓住了。所以，你在生活、工作中也會遇到要抓什麼、放什麼，考慮要什麼、放棄什麼，如果你想什麼都要，最後你將什麼都得不到。

轉個念不吃虧

要想取得同事或朋友的信任，就要誠心誠意地對待他們；在利益面前要以大局為重，遇到非原則小事，儘管自己覺得委屈，也不要斤斤計較。

做人切忌患得患失、斤斤計較、有仇必報，其結果必使自己成為失道的孤家寡人。

別讓計較害了你

在人生的旅途中，許多年輕人被短期的利益蒙蔽了雙眼，看不清未來發展的道路，等到意識到問題的嚴重性，再奮起直追時，已經浪費和錯過了最好的時機，無法趕上了。

在此，給年輕人提個建議：在你開始工作時，不要過多地考慮薪水問題，要注重工作本身給你帶來的價值——發展你的技能、完善你的人格品質……

在美國，曾有一位成就斐然的年輕人，他是一家大酒店的老闆，雖然沒有什麼特殊才能，但是有一段傳奇的經歷。

「幾年前，我還是一家路邊簡陋旅店的臨時員工，根本就沒有什麼發展的前途可言。」他回憶道，「一個寒冷的冬天，已經很晚了，我正準備關門，進來一對上了年紀的夫婦，他們正為找不到住處發愁。不巧的是，我們店裡也客滿了。看到他們又困又乏的樣子，我很不忍心將他們拒之門外，於是就將自己的房間讓給他們，自己在大廳打地鋪。第二天一早，他們堅持按價支付給我房費，我拒絕了，本來也就沒有什麼嘛！」

「那對夫婦臨走時對我說：『你有足夠的能力當一家大酒店的老闆。』」年輕人臉上露出憨厚的笑容。

「一開始我覺得這不過是一句客氣話，沒想到一年後，我收到了一封來自紐約的信，正是出自那對夫婦之手，還有一張前往紐約的機票。他們在信中告訴我，他們專門為我建了一座大酒店，邀請我經營管理。」

年輕人沒有計較一夜的房費，而正是這一舉手之勞，他獲得了一個夢寐以求的機會。斤斤計較一開始只是為了爭取個人的小利益，但久而久之，當它變成一種習慣時，為利益而利益，為計較而計較，就會使人變得心胸狹隘、自私自利。它不僅對老闆和公司造成損失，也會扼殺你的創造力和責任心。

《聖經》上說：「助人就是助己。」不要計較得太多，多做一點對你並沒有害處，也許會花掉你一些時間和精力，但是可以吸引更多的人注意你，使你從競爭者中脫穎而出，你的老闆、上司和顧客會信賴你、需要你，從而給你更多的機會。今天種下助人的種子，總有一天會結出甜美的果實，最終受益的還是你自己。

也許你會覺得自己已經在工作中投入了很多，卻沒有馬上得到回報，而心有不甘，你會想既然不能升職，還不如忙裡偷閒，反正也不會被開除、扣薪水。這樣一來，以後你就可能會拖延怠工，以免提前完成工作，會攬上其他的事務，久而久之，你的進取心將被磨滅。另外，如果你計較自己的付出沒有在短期內得到回報，那麼就會產生抵觸情緒，還會影響你在公司裡的人際交往。

注重現實利益本身並沒有錯，問題在於現在的人過分短視，而忽略了個人能力的培養，他們在現實利益和未來價值之間沒有找到一個平衡點，反而讓「計較」給害了。如果一個人在工作時能全力以赴，不計較眼前的一點利益，不偷懶混日子，即使現在他的薪水十分微薄，未來也一定會有所收穫。

轉個念不吃虧

一個人如果鑽到錢眼裡去，總是算計著自己到底能拿多少薪水，總是將自己困在裝著薪水的薪資袋裡，他又怎麼能看到薪水背後獲得的成長機會呢？他又怎麼能意識到從工作中獲得的技能和經驗，對自己的未來將會產生多麼大的影響呢？

放下仇恨，你放過的其實是自己

《百喻經》中有一則故事：

有一個人心中總是很不快樂，因為他非常恨另外一個人，所以每天都以嗔怒的心，想盡辦法置對方於死地。於是，他向巫師請教：「大師，怎樣才能解我的心頭之恨？如果催符念咒可以損害討厭的人，我願意不惜一切代價學會它！」

巫師告訴他：「這個咒語很靈，你想要傷害什麼人，唸著它你就可以傷到他；但是在傷害別人之前，首先傷害到的是你自己，你還願意學嗎？」

儘管巫師這麼說，滿心怨恨的他還是十分樂意，他說：「只要對方能受盡折磨，不管我受到什麼報應都沒有關係，大不了大家同歸於盡！」

為了傷害別人，不惜先傷害自己，這是怎樣地愚蠢？然而現實生活中，這樣的怨恨情仇天天在上演，隨處可見這種自縛心結。如果心裡的仇恨不斷增多，活在這世上的你，就永遠不會再有快樂的一天。

一念嗔心起怨恨，就會讓人陷入愚癡，如同拿著繩子捆住自己，不得自由，而且會越勒越緊。

古希臘神話中有一位力大無比的英雄，名叫海克利斯。有一天，他走在坎坷不平的山路上，發現路中間有個口袋似的東西，很礙事，他便踢了它一腳，想把它踢開。誰知那東西不但沒有被踢開，反而變大，膨脹了起來。海克利斯看著非常生氣，便狠狠地踩了那東西一腳，想把它踩破，可是它不但沒有被踩破，反而加倍地膨脹起來。

海克利斯惱羞成怒，拿起一根粗大木棒，使勁砸它，它竟然再次膨脹，大得把整個道路都堵死了。

這時，山中走出了一位聖人，對海克利斯說：「朋友，快別動它，別把它當回事，離開它，自己遠去吧！它叫仇恨袋，你不惹它，它便小如當初。你老記著它，老是踢它，它就會無休止地膨脹，最後還會擋住你前行的道路，與你對抗到底。」

是呀，我們越理會仇恨，它就越膨脹。其實，有人的地方總會有矛盾，人與人之間的相處，難免會產生摩擦、誤會，甚至是不愉快，這是很正常的。這種時候，我們更應該淡化矛盾，摒棄前嫌，握手言和，而不是讓仇恨的袋子不停地膨脹，讓仇恨的種子根植於心。

「冤仇宜解不宜結」，只有發自內心的慈悲，才能徹底解除冤結，這是脫離怨恨之獄最有效的方法。

《把敵人變成人》一文中曾轉述了一九四四年蘇聯婦女們對德國戰俘的場景。

這些婦女中的每一個人都是戰爭的受害者，或者是父親、或者是丈夫、或者是兄弟、或者是兒子，在戰爭中被德軍殺害了。

戰爭結束後運送德國戰俘，蘇聯士兵和員警們竭盡全力阻擋著她們，生怕她們控制不住自己的衝動，找這些戰俘報仇。然而當一位老婦人把一塊黑麵包塞到一個疲憊不堪、兩條腿勉強支撐得住的戰俘的口袋裡時，整個氣氛改變了，婦女們從四面八方一齊湧向戰俘，把麵包、香菸等各種東西塞給他們……

敘述這個故事的葉夫圖申科說了一句令人深思的話：「這些人已經不是敵人了，這些人已經是人了……」

這句話道出了人類面對苦難時，所能表現出來最善良、最偉大的生命關懷與慈悲，這些已經讓人們遠遠超越了仇恨。

如果一個人心中時時懷著仇恨，這仇恨就會像海克利斯遇到的仇恨袋一樣，一次次地放大，一次次地膨脹，終有一天它會隱藏你內心的澄明，攪亂你步履的穩健。所以，請記住這個原則：「相信上帝的人應當在生活中體現他們的信仰，而不信上帝的人則應本著愛與正義的原則活著。」只有這樣，我們才能遠離仇恨、超越仇恨！

造成痛苦的原因有很多種，「不能原諒別人」就是其中一種。不能原諒別人，心裡就會種下仇恨的種子，從此會連累自己的身心，讓自己的痛苦和煩惱越來越多。只有原諒別人，才能解除內心的壓抑，釋放心中快樂的因子。放下仇恨，你放過的其實是自己。

轉個念不吃虧

種瓜得瓜，種豆得豆；種下仇恨，收穫的絕不會是幸福！

讓人非我弱，得志莫離群！在仇恨面前，寬容是最好的藥。來到這個世界上，誰都會遇到一些傷害自己的人，只要心中有寬容，時間會沖淡一切不快的記憶。

為什麼要「得饒人處且饒人」？

朝陽升起之前，廟前凝滿露珠的春草裡，跪著一個人：「師父，請原諒我。」

他是某城的風流浪子，二十多年前曾是廟裡的小沙彌，深得方丈寵愛。方丈將畢生所學全數傳授，希望他能成為出色的佛門弟子。他卻在一夜間動了凡心，私自下山，被五光十色的城市遮住了眼目，從此花街柳巷，只管放浪形骸。

二十年後的一個深夜，他陡然驚醒，窗外月色如洗，澄明清澈地灑在他的掌心。他忽然深感懺悔，披衣而起，快馬加鞭趕往寺裡。

「師父，您肯饒恕我，再收我做弟子嗎？」

方丈厭惡他的放蕩，只是搖頭。「不，你罪過深重，必墮地獄，要想佛祖饒恕，除非……」方丈信手一指佛桌，「連桌子也會開花。」

浪子失望地走了。

第二天早上，方丈踏進佛堂的時候，頓時驚呆了──一夜間，佛桌上開滿了大簇大簇的花朵，紅的、白的，每一朵都芳香逼人。佛堂裡一絲風也沒有，那些盛開的花朵卻簌簌急搖，彷彿是焦灼的召喚。

方丈在瞬間大徹大悟，連忙下山尋找浪子，卻已經來不及了，心灰意冷的浪子又墮入了他原本的荒唐生活。

而佛桌上開出的那些花朵，只綻放了短短的一天。

是夜，方丈圓寂，臨終遺言：這世上，沒有什麼歧途不可以回頭，沒有什麼錯誤不可以改正。一個真心向善的念頭，是最罕有的奇蹟，就像佛桌上開出的花朵。而讓奇蹟隕滅的，不是其他，而是一顆冰冷的、不肯原諒、不肯相信的心。

既然對方已經磕頭賠罪了，又何必苦苦相逼呢？還是得饒人處且饒人吧！

有一頭大象，在森林裡漫步，無意中踏壞了老鼠的家。大象慚愧地向老鼠道歉，可是，老鼠卻對此耿耿於懷，不肯原諒大象。一天，老鼠看見大象躺在地上睡覺，心想：機會來了，我要報復大象，至少，我可以咬這個龐然大物一口。

但是，大象的皮特別厚，老鼠根本咬不動。這時，老鼠圍著大象轉了幾圈，發現大象的鼻子是個進攻點。老鼠鑽進大象的鼻子裡，狠勁地咬了大象一口。大象感覺鼻子裡一陣刺激，猛烈地打了一個噴嚏，將老鼠射出好遠。老鼠被摔個半死，努力了半天才從地上爬起來，忍著渾身劇烈的傷痛，對前來探望牠的同伴們說：「要記住我的慘痛教訓，得饒人處且饒人！」

古語云：「人非聖賢，孰能無過。」當別人犯了錯誤或無意之間冒犯了我們時，我們應該既往不咎，給予他們理解、關懷和幫助，協助他們改過自新，那麼世界上便會少了一份怨恨、鬥爭和陷害，而多了一對真心的朋友。同時，懂得寬容別人的人，也同樣會受到別人的尊敬和喜愛。

現在不妨讓我們再來看兩個例子。公車上人多，一位女士無意間踩疼了一位男士的腳，紅著臉道歉說：「不好意思，踩到您了。」不料男士笑了笑：「不，不，應該由我來說對不起，我的腳長得也太不苗條了。」瞬間，車廂裡響起了一片笑聲，顯然是對這位優雅風趣的男士的讚美。而且，公車裡的乘客也不會懷疑，這樣的寬容將會給女士留下一個永遠難忘的印象。

再有一位女士，不小心摔倒在一家整潔乾淨的商店裡，手中的奶油蛋糕弄髒了商店的地板，趕忙向老闆致歉。不料老闆卻說：「真對不起，我代表我的地板向您致歉，它吃了您的蛋糕！」於是女士笑了，笑得很燦爛。

是的，這就是寬容——甜美、親切、明亮。它是陽光，誰又能拒絕陽光呢！

轉個念不吃虧

得饒人處且饒人，不要苦苦相逼。每個人都會犯錯，如果執著於過去的錯誤，就會讓不信任、耿耿於懷、放不開等情緒，限制了自己的思維，也限制了對方的發展。

做人要忍得心中一時的煩惱痛苦，要耐得住歲月的磨難，事到氣頭上，要當忍則忍，當讓則讓，得饒人處且饒人。為人也罷，處事也罷，都要把「忍為高，和為貴」當作座右銘。

「善於」妥協

俗話說，家家有本難念的經。每個家庭都免不了會吵架、鬥嘴，也因為這樣的關係，很多本來圓滿的家庭破裂，為什麼不能妥協一下，各自讓一步呢？

下面看看一位網友的心得分享吧！

他們家裡每次爭吵鬥氣，最後先低下頭的那個人肯定是她。她安慰自己，沒關係，成熟的稻穀才會彎腰，如果她和丈夫一樣意氣用事，不懂得先彎腰，那麼他們的婚姻之船，說不定早就在兩個人的冷戰和賭氣中觸礁沉沒了。

她懂得彎腰、妥協，這說明她比丈夫更懂得如何在婚姻中經營愛情，說明了她比丈夫更成熟。只是，要兩個人都懂得彎腰，這樣的婚姻才更有彈性。

但她的一次次彎腰，已經讓丈夫在骨子裡產生了優越感，他以為每一次她的讓步，都是因為她對他的愛，要遠遠超過他對她的愛，所以她才可以低到塵埃裡去。

她在心裡暗笑著，準備找個機會讓丈夫懂得「成熟的人才會彎腰」這個道理。

秋天的時候，她拉著丈夫去了鄉下。站在一片金黃色的稻田邊，她指著沉甸甸的稻穀問丈夫：「怎麼它們一個個都彎著腰呢？」丈夫用教訓白癡的語氣對她說：「因為它們成熟了啊！」

她意味深長地重複著丈夫的話，「是啊，因為它們成熟了！」

那天，她和丈夫以金燦燦的稻田為背景合照了一張，這張照片拿去沖洗的時候，她特意要求店員加了這麼一句話：懂愛的人會彎腰。這張合照放在他們的床頭櫃上，好幾次，她發現丈夫的目光若有所思。

不久，他們又鬧起了彆扭，也可以說，是她故意找的碴。雖然她並不指望丈夫這麼快就低頭和妥協，但是這一次她決定要多堅持兩天，看看丈夫的反應後再決定何時彎腰。

終於等到第四天下午下班的時候，她接到丈夫的簡訊：晚上一起吃飯好嗎？

她飛奔著去赴丈夫的約會，心裡充盈著巨大的幸福。因為她那麼清楚地看到，丈夫也學會了用成熟的態度去經營婚姻。

只有兩個人都懂得了彎腰的道理，婚姻才能走得更遠。生活中，沒有絕對的對和錯，更不存在仇恨。床頭吵床尾和，希望世間所有的家庭能幸福長久。

在現代生活中，妥協已成為人們交往中不可缺少的潤滑劑，發揮著越來越重要的作用。

然而，在一些人的眼中，妥協似乎是軟弱和不堅定的表現，似乎只有毫不妥協，方能顯示出英雄本色。但是，這種非此即彼的思維方式，實際上是認定人與人之間的關係，是征服與被征服的關係，沒有任何妥協的餘地。

其實，人與人之間的關係，正逐漸由依賴與被依賴的關係，轉向相互依賴關係。就說買東西吧！過去東西短缺，買家只能求著賣家，於是價格自然不會隨便升降，沒有任何商量餘地。但現在不同了，市場經濟下所形成的買方市場，買家與賣家的關係變為相互依賴，使得討價還價流行開來。在這種情況下，如果不肯做出任何妥協，那只能失去自身的生存與發展的機會，成為最終的失敗者。

轉個念不吃虧

在現代生活中，適當妥協不僅是一種智慧，而且是一種美德。能夠妥協，意味著對對方的尊重，意味著將對方看得和自己同樣重要。在個人權利日趨平等的現代生活中，人與人之間的尊重是互相的，只有尊重他人，才能獲得他人的尊重。因此，善於妥協就會贏得別人更多的尊重，成為生活中的智者和強者。

為了不值得的小事得罪人，值得嗎？

君子之所以為君子，就在於他能容納小人，不計較小人的過錯。常言道：「水至清則無魚，人至察則無徒。」這就告訴我們，如果對事物的觀察太敏銳，就會覺得他人渾身都是缺點，不值得與之交往；另一方面，旁人也會對他的過分挑剔感到難以忍受，而不願意追隨他。

所以說，君子要有寬宏的度量，不自命清高，要能夠忍讓，能夠接納世俗乃至醜惡的事物，這就是「君子不計小人過」的實質。

事實上，按照一般常情，任何人都不會把過去的記憶像流水一般地拋掉。就某些方面來講，人們有時會有執念很深的事，甚至會終生不忘。當然，這仍然屬於正常之舉。

誰都知道，怨恨會隨時隨地有所回報，為了避免招致別人的怨恨，或者少得罪人，一個人行事須小心謹慎，《老子》中據此提出了「報怨以德」的思想。孔子也曾提出類似的話來教育弟子：「以直報怨，以德報德。」其含義均是叫人處事時心胸要豁達，以君子般的坦然姿態應付一切。

在日常的工作中，有不少人會為了非原則問題，甚至雞毛蒜皮的問題也爭得不亦樂乎，誰也不肯退讓，有時說著論著就認真了，以至於非得決一雌雄才算甘休，結果嚴重的大打出手，或者鬧個不歡而散，為了不值得的小事得罪人，最後搞得雞飛狗跳影響團結，值得嗎？

那麼當自己與人發生矛盾衝突後，究竟應該怎麼辦呢？「得饒人處且饒人」吧！以一種寬容、豁達的心胸，以君子般的坦然姿態原諒別人的過錯。

寬容地對待自己和他人，就是心平氣和地工作、生活。寬容的過程也是「互補」的過程，別人有此過失，若能予以正視，並以適當的方法給予批評和幫助，便可避免大錯。自己有了過失，亦不必灰心喪氣，一蹶不振，同樣也應該吸取教訓，引以為戒，重新揚起工作和生活的風帆。只要你具備了真正的寬容，必能取人之長，補己之短，使自己獲益匪淺。

在生活中，也確實有不少「君子不計小人過」的事例，在《碩輔寶鑑》中，就記載著這樣三則故事，很耐人尋味：

第一則講唐朝的狄仁傑。高宗時，狄仁傑是大理丞，後為豫州刺史、洛州司馬。天授二年（西元六九一年），他做了宰相。有一天，武則天對他說：「你在汝南有善政，然而有人說你的壞話，你想知道是誰嗎？」狄仁傑說：「陛下認為他說的對，臣當改正；認為臣沒有那樣的過錯，那是臣之幸也。至於是誰說臣的壞話，臣不願意知道。」武則天聽了很高興，稱讚狄仁傑是一個寬宏大量的長者。

第二則故事講唐朝的陸贄。陸贄在德宗時當過中書侍郎、門下同平章事。當初，禦史中丞竇參常常排擠陸贄，後來竇參被李巽參奏，德宗大怒欲殺之。陸贄卻替竇參講情，竇參才未被殺，只是被貶官。但德宗又想株連竇參的親人，沒收他的家產，陸贄又請皇上加以寬恕。世人無不稱讚陸贄公正誠實，以德報怨。

第三則故事講宋朝的呂蒙正。蔡州的知州張紳犯貪汙罪被免職，有人對宋太宗說：「張紳很有錢，不至於貪汙，是呂蒙正貧窮時向他索取財物沒有如願，現在對他報復。」呂蒙正不申辯，結果張紳復了官，呂蒙正被罷了宰相的官職。後來考課院查到張紳貪汙的證據，於是又免了張紳的官職，呂蒙正重當宰相。宋太宗特地告訴呂蒙正：「張紳確實有貪汙。」呂蒙正聽了，一笑置之，既沒有重提舊事使太宗難堪，也沒有追究那個打小報告的人，相信「清者自清，濁者自濁」。

這種寬厚與容忍絕對不是小人所能夠做到的，明知對方錯了，卻不爭不鬥反而認輸，雖然自己吃點小虧，但使別人不受損。不爭表面形式的輸贏，而重思想境界和做人水準的高低，這樣的人其實活得很瀟灑。歷史上的這三個人，由於能不計小人過，不但絲毫沒有損害自己的名聲，反而更受到大家的稱道。

轉個念不吃虧

在現實生活中，當雙方發生矛盾或衝突時，對於別人的批評，除了虛心接受之外，還要養成毫不在意的習慣。人與人之間發生矛盾的時候太多了，因此，一定要心胸豁達、有涵養，不要為了不值得的小事去得罪別人。

寬容，是為了讓自己好過

寬容，可使你表現出良好的內在素養，同時也能引發別人的回應。生活中度量最為重要，寬容乃是人類性格的空間，懂得寬容別人，自己的性格就有了迴旋的餘地，不易發脾氣，不易與別人發生正面衝突。

「大人不計小人過」、「宰相肚裡好撐船」這就是一種寬容，寬以待人，難得糊塗。其實有些時候，裝糊塗倒是最聰明不過的辦法。孟子曾經說過，君子之所以成為君子，就在於他能夠時刻進行自我反省。

有時即使受到不公正的待遇，他也會首先思考自己本身，思考自己是否做了不仁的事，或者有欠缺、不周到地方。別人怎會平白無故地不公正地對待自己呢？經過反省，自認合乎仁也合乎禮了，但對方仍對自己的待遇不公正，這時君子還會進一步自問，是否自己有不夠真誠的地方？而對方仍然是不公正地對待自己，君子才慨然長嘆：「他不過是一個妄誕之人，與禽獸無異，而對於禽獸又何必斤斤計較呢？」

從前在古印度南部，有個僑薩羅王國。國中出了五百名強盜，占山紮寨、攔路搶劫、殺人放火、無惡不作，商客遊人和地方百姓深受其害。地方官員多次用兵，都無法獲勝，只好報知國王，國王派精兵良將前來征剿，經過激烈的戰鬥，五百名強盜全部成了俘虜。

國王決定，對人們恨之入骨的強盜處以酷刑。這天，刑場戒備森嚴，殺氣騰騰。士兵手持尖刀將赤身裸體、披頭散髮、被捆在刑柱上的強盜的雙眼全部挖掉，有的還割掉鼻子、耳朵，然後放逐到荒無人跡的深山老林中。這座山谷林木蔥蘢，狼嗥虎嘯，陰森恐怖，衣食無著。強盜們悲憤欲絕，撕心裂肺地絕望嚎叫著。

淒慘的呼叫聲傳遍四野，也傳進了釋迦牟尼的耳朵。知道這是五百強盜在生死線上掙扎呼救，便用神力送來了靈丹妙藥，吹進了五百強盜的眼眶。霎時，個個雙眼又見到光明。釋迦牟尼親臨山谷，給五百強盜講經說法：「止是你們以前作惡多端，才有今天的苦難。只要洗心革面，棄惡從善，皈依佛門，就能贖清罪孽，修成正果，脫離苦海，進入極樂世界。」一眾強盜聽了釋迦牟尼的教誨俯首悔過，口稱尊師，成了佛門弟子。從此，山谷中的森林被稱為「得眼林」。很多年後，當年的五百強盜終於修成正果，成為五百羅漢。

在人與人的日常交往中，寬容，是為了讓自己好過。寬容，使我們家庭關係穩定、人際和諧。我們與家人、朋友、同事，甚至路人在不同的場合交往接觸，總免不了有意見相左的時候，只要不是原則性的問題，各自主動退讓，寬以待人，少計較得失，有利於減少矛盾，維護人際間的和諧，於人於己，都是有益身心的事情。尤其在現代社會，人們出現過於計較個人功利的傾向，這種寬容忍讓的精神更是應當加以提倡。

謙，是態度上的敬讓而不自大；卑，更是一種心情上的禮貌與客氣。兩者相輔相成，心甘情願地付諸在行動上，才不會膚淺、虛偽。缺乏謙卑的心靈，就無法真正寬容原諒。

不刻意爭辯自己是對的，可以鍛煉寬容的心胸。

小善小惡，都足以影響整個社會風氣。無奈的是，許多對社會風氣有示範作用的名人，都忘了表現自己謙卑的一面。打開電視，每天看的就是政治人物對罵的口水戰，藝人、名嘴也常互揭瘡疤來增加知名度，他們都忽略了——放下身段會為自己贏得更多掌聲。

有時候，我們明明沒有做錯什麼，但是已經察覺對方不開心的時候，不妨主動向他道歉，「如果我在無意間有所冒犯，請你原諒！」這種謙卑，不但不會貶低自己，反而會因為表現誠懇的關心，而贏得友誼。尤其，是非對錯還沒有水落石出之前，願意主動道歉致意，並且不刻意爭辯自己是對的，更可以顯現自己寬大的胸襟。

表現謙卑，在消極的那一面，可以讓自己和別人都好過一些；在積極的那一面，經過自省之後有所學習成長。遭遇挫折的人，將因謙卑而放棄埋怨，重新找到成功的方法；擁有成功的人，也將因謙卑而不自滿，表現友善親切的人品。

人生不同的角落，都能夠發現——謙卑，其實是很巨大的力量。無論是健康、愛情、人際關係、工作、錢財，當我們可以坦然接受挫敗，學習經驗教訓，不再怨天尤人，謙卑的力量就會令我們絕地重生，即使肉體毀滅了，精神仍長存。

轉個念不吃虧

寬容，是為了讓自己好過。以寬容之心恕他人之過，對於別人的過失，必要的指責無可厚非，但能以博大的胸懷去寬容別人，就會讓世界變得更精彩。等到你的讓步給雙方帶來了廣闊的天地，你的讚譽得到了公眾一致認可，人們便會更加理解你、信任你。

讓一步，才能不斷進步

人們都喜歡擁有自己獨立的思想，沒有人喜歡被強迫控制。人們都喜歡按照自己的意願購買東西，或照自己的意思行動，希望別人在做事時徵詢自己的意見，不喜歡別人亂下指令。但是有些人做事的時候總是忽略這一點，那是因為他們做事的時候，被一種占有和控制的欲望驅使著，想把自己的意見強加給別人，希望別人按照自己的意願行事。可是這種一意孤行的做法往往得不到支持，因為沒有人喜歡被他人支配。

魯柏專門從事將新設計的草圖賣給服裝設計師和生產商的業務。三年來，他每星期都去拜訪紐約最著名的一位服裝設計師。「他從沒有拒絕見我，但也從沒有買過我所設計的東西。」魯柏說道，「他每次都仔細地看過我帶去的草圖，然後說對不起，魯柏先生，我們今天又做不成生意了！」

經過一百五十次的失敗，魯柏體會到自己一定是過於墨守成規，所以決心研究一下人際關係的有關法則，以幫助自己獲得一些新的觀念，找到新的力量。

後來，他採用了一種新的處理方式。他把幾張沒有完成的草圖夾在腋下，然後跑去見設計師。「我想請您幫點小忙。」魯柏說道，「這裡有幾張尚未完成的草圖，可否請您幫忙完成，以更加符合你們的需要？」

設計師一言不發地看了一下草圖，然後說：「把這些草圖留在這裡，過幾天再來找我。」三天之後，魯柏回去找設計師，聽了他的意見，然後把草圖帶回工作室，按照設計師的意見認真完成。結果呢？魯柏說：「我一直希望他買我提供的東西，這是不對的。後來我要他提供意見，他就成了設計人。我並沒有把東西推銷給他，是他自己買了。」

發生在湯姆醫師身上的一個例子也正好說明了這一點。

湯姆醫師在紐約布魯克林區的一家大醫院工作。醫院需要新添一套X光設備，許多廠商聽到這一消息，紛紛前來介紹自己的產品，負責X光部門的湯姆醫師因而不勝其擾。

但是，有一家製造廠商則採用了一種很高明的技巧。他們寫來一封信，內容如下：我們工廠最近完成一套X光設備，前不久才運到公司來。由於這套設備並非盡善盡美，為了能進一步改良，我們非常誠懇地請您前來指教。為了不耽誤您寶貴的時間，請您隨時與我們聯絡，我們會馬上開車去接您。

「接到信真使我感到驚訝。」湯姆醫師說道，「以前從沒有廠商詢問過他人的意見，所以這封信讓我感到了自己的重要性。那一星期，我每晚都忙得很，但還是取消了一個約會，騰出時間去看了看那套設備。最後我發現，我愈研究就愈喜歡那套機器了，沒有人向我兜售，而是我自己向醫院建議買下那整套設備的。」

事實證明，事先徵詢意見比自作主張、把意見強加給別人要好得多。老子曾經說過，江海之所以能容納千川百水，是因為其地位低下。所以，一個人若想領導大眾，必須退居人後，以眾人之長敵天下。因此，聖人雖在上，而人民不覺其壓力；聖人雖在前，而人民不覺有什麼傷害。

不同的人對同一件事會有不同的看法，當自己的意見與他人產生分歧時，你是經常自以為是，還是考慮他人的意見？很多人都選擇前者，尤其是那些身居高位者，他們更加愛面子，不尊重他人的意見。就不知這樣做，一是對自己不利，如果他人的意見是正確的，沒聽取就會得不到正確的資訊；二是傷害他人的自尊心，造成人際關係上的負面影響。每個人不可能事事通曉，為何不用心考慮他人的意見呢？

轉個念不吃虧

讓一步，才能不斷進步。參考別人的意見，學習別人的方法，才能讓自己更好。尊重他人的意見，採納別人的意見，對雙方都有好處，何樂而不為？我們做事切不可專橫，要給身邊的人多點友善、多點尊重、多份理解、多份聆聽、多份關懷。

第2章 不計較，是為自己而活

我們都很富有，不要計較生活給你的太少。當你哭泣自己沒有鞋子穿的時候，你會發現還有人沒有腳。珍惜所擁有的，命運需要自己去創造，需要自己去呵護，每個人都能創造出人生中最美麗的風景！

挖掘自己的金礦

很久以前，有位名叫阿里．哈法德的波斯人，住在離印度河不遠的地方，他家擁有大片的蘭花花園、稻穀良田和繁盛的園林，他是一位知足而十分富有的人。一天，一位年老的佛教僧侶前來拜訪，向阿里．哈法德講述鑽石是如何形成的，最後，這位僧侶說：「如果一個人擁有滿滿一手的鑽石，他就可以買下整個國家的土地，要是他擁有一座鑽石礦場，他就可以利用這筆巨額財富的影響力，把孩子送上王位。」

從那天晚上開始，阿里．哈法德變成了一個窮人——不是因為他失去了一切，而是因為他開始變得不滿足。他想：「我要一座鑽石礦。」因此，他整夜難以入眠，第二天一大早就跑去詢問那位僧侶，在什麼地方可以找到鑽石。

「只要你能在高山之間找到一條河流，而這條河流是流淌在白沙之上的，那麼，你就可以在白沙中找到鑽石。」僧侶說。

於是，阿里．哈法德賣掉了農場，將利息收回，把家交給了一位鄰居照看，然後便出發去尋找鑽石了。

在人們看來，阿里．哈法德最初尋找的方向是十分正確的，他先是前往月亮山區尋找，然後來到巴勒斯坦地區，接著又流浪到了歐洲，最後他身上帶的錢全部花光了，衣服又髒又破。

在旅途的最後一站，這位飽經風霜、痛苦萬分的可憐人，站在西班牙巴賽隆納海灣的岸邊，懷揣著那位僧侶所激起的得到龐大財富的誘惑，將自己投入了迎面而來的巨浪中，從此永沉海底。

幾十年後的一天，當阿里．哈法德的繼承人（繼承並居住在阿里．哈法德的莊園）牽著他的駱駝到花園裡去飲水時，突然發現在那淺淺的溪底白沙中，閃爍著一道奇異的光芒，他伸手下去，摸起了一塊黑石頭。石頭上有一處閃亮的地方，發出彩虹般的美麗色彩，他把這塊怪異的石頭拿進屋裡，放在壁爐的架子上，然後繼續去忙他的工作，把這件事完全忘掉了。

幾天後，那位曾經告訴阿里．哈法德鑽石是如何形成的僧侶，前來拜訪阿里．哈法德的繼承人。當看到架子上的石頭所發出的光芒時，他立即奔上前去，驚奇地叫道：「這是一顆鑽石！這是一顆鑽石！阿里．哈法德已經回來了嗎？」

「沒有，還沒有，阿里．哈法德還沒回來，那石頭是在我家的後花園裡發現的。」

「我只要看一眼，就知道它是不是鑽石。」這位僧侶說，「這確實是一顆鑽石！」然後，他們一起奔向花園，用手捧起河底的白沙，發現了許多比第一顆更漂亮、更有價值的鑽石。

這就是印度戈爾康達鑽石礦被發現的經過。戈爾康達鑽石礦是人類歷史上最大的鑽石礦，其價值遠遠超過南非的金百利。英國國王皇冠上的庫伊努爾大鑽石（一〇六克拉），以及鑲在俄國國王王冠上的那顆世界上最大的鑽石，都取自那處鑽石礦。

這是美國演說家魯塞．康維爾的著名演講《鑽石就在你家後院》的開場故事，它講述了當時世界上最大的鑽石礦——戈爾康達鑽石礦的傳奇發現經過。五十年內，魯塞．康維爾走過了美國各大州，在全美大小城市親自講演《鑽石就在你家後院》達六千餘次，他的演講曾激勵過兩代美國人在自己的工作崗位上勤奮耕耘。

一八八八年，魯塞．康維爾陸續用演講所得的四百萬美元演講費（相當於現在的一點四五億美元），建成了美國著名的天普大學。

一個世紀後的今天，當我們再次「聆聽」戈爾康達鑽石礦的發現經過，在拋棄其純粹的偶然性和傳奇色彩後，我們仍然會被故事背後的深刻寓意所驚醒和震撼。

在這個世界上，每個人都潛藏著獨特的天賦，這種天賦就像金礦一樣埋藏在我們平淡無奇的生命中。那些羨慕別人而認為自己一無是處的人，是永遠挖掘不到自己的金礦的。

法國大文豪大仲馬在成名前，窮困潦倒。有一次，他跑到巴黎去拜訪他父親的一位朋友，請他幫忙找個工作。

他父親的朋友問他：「你能做什麼？」

「沒有什麼了不起的本事，老伯。」

「數學精通嗎？」

「不行。」

「你懂得物理嗎？或者歷史？」

「什麼都不知道，老伯。」

「會計呢？法律如何？」

大仲馬滿臉通紅，第一次知道自己太不行了，便說：「我真慚愧，我一定要努力補救我的不足，相信不久之後，一定會給老伯一個滿意的答覆。」

他父親的朋友對他說：「可是，你要生活啊！將你的住處留在這張紙上吧！」

大仲馬無可奈何地寫下了他的住址。他父親的朋友叫著說：「你終究有一樣長處，你的名字寫得很好呀！」

你看，大仲馬在成名前，也曾有過認為自己一無是處的時候。然而，他父親的朋友，卻發現了他的一個看起來並不是什麼優點的優點——把名字寫得很好。

把名字寫得好，也許你對此不屑一顧：「這算什麼！」然而，不管這個優點有多麼「小」，但它畢竟是個優點，你可以以此為基礎，擴大你的優點範圍。名字能寫好，字也就能寫好，字能寫好，文章為什麼就不能寫好？

我們每個人，特別是沒自信的人，切不可把優點的標準定得過高，而對自身的優點視而不見。你不要死盯著自己學習不好、沒錢、相貌不佳等不足的一面，你還應看到自己身體好、會唱歌、字寫得好等不被外人和自己發現或承認的優點。

轉個念不吃虧

挖掘自己的金礦，樹立自信心，找出你能做的事，並從它做起。成功就是從做好許多小事累積起來的，做好小事你就能穩步前進。你要做到不管這一天有多忙，不管遇到多少干擾，都要完成一件使你向目標邁進的事。

無論再好，都有人討厭你

某家飯店門口的一副對聯很有意思：「眾口難調調眾口，人心難得得人心。」道出了一個生活哲理——想讓每一個人都滿意是很難做到的，只要你付出了真情實意也就夠了。就像每年除夕電視臺的新春節目，儘管每個節目都是精挑細選出來的，但仍然不能讓所有人都滿意。

有一個常被人引用的事例，說的是某一位詩人一次把自己的得意詩作拿到廣場上去展覽，他十分自信地對觀眾說：「如果你們認為有敗筆，儘管指出。」到了晚上，詩人的作品上標滿了記號，人們挑出了很多他們認為是敗筆的地方。詩人非常不甘心，他靈機一動，又寫了一首完全相同的詩詞拿到廣場上展出，不同的是，他請觀眾標出詩詞中的妙處。結果到了晚上，詩人看到，所有曾被指責為敗筆的地方，如今卻換上了讚美為妙筆的記號。

最後，詩人的結論是：「我發現了一個祕密，那就是——不管我們做什麼，只要使一部分人滿意就行了，因為在一些人看來醜惡的東西，在另一些人的眼裡正好是美好的。」

詩人的大悟可以作為我們對非難、誹謗的一種基本態度，而詩人的這種做法，也可以作為我們在一定程度上，考慮怎樣減輕非難、誹謗這個問題的基本出發點。

里美是一名公司員工，現在她很煩惱。她所在的部門女孩比較少，因此，部門裡的每位女孩自然都成了男人關注的對象。而且他們有一個共同的愛好，就是喜歡對女孩品頭論足。

他們說里美戴眼鏡看起來傻乎乎的，於是里美就去換了隱形眼鏡。沒有多久，他們又議論里美的髮型不好看，於是她又去把髮型換了，原以為他們總不會再說什麼了，但是，他們又開始批評里美說話的聲音很大，一點兒都不淑女……

總之，在他們眼裡，里美的問題就是一串一串的，怎麼改也不能讓他們對她表示滿意。這讓里美陷入極度自卑的境地，弄得她連上班的心思都沒有了。

其實，每個人都有自己的看法，有時候我們不必苛求所有人都對我們滿意。由於每個人的世界觀、價值觀不同，對同一事物也會有不同的看法，所以讓所有人都滿意是一件不可能的事。

「蘿蔔青菜各有所愛」，有的人喜歡吃蘋果，有的人喜歡吃橘子，只是每個人的口味不同而已。只要自己力爭做到最好，得到了大多數人的讚揚，這就是一種肯定。同樣，當我們遇到跟自己有不同意見的人，也不要彼此爭得面紅耳赤，不要把自己的觀點強加到別人的頭上。

因此，我們不需要按他人的反應來決定自己的行為，不必要求得到所有人的承認。如果獲得承認，你就接受它；如果沒有，那麼你就不要想它，你所要做的只是事情本身。

有類似苦惱的人不妨從以下方面努力調適自己：

首先，要正確地、辯證地對待別人對你的評價，把別人的評價只作為一種參考。每個人都是按照自己的價值標準去評價別人，因此，別人對你的評價不一定就反映了你的真實情況；同時，每個人都不是完人，你也不可能讓所有人滿意，所以對於別人的負面評價，你只要反思自己是否有存在需要改進的不足之處，如果有，就學著積極去改變，盡力而為就可以了，不必求全責備。

其次，要樹立自己的價值觀，為自己而活。要給自己樹立一個正確的為人處世的原則和標準，讓自己能夠按照自己的想法去做，底線是在法律道德的允許範圍內，並不斷地完善。

最後，要樹立自信心。自信心是一個人快樂的必需品，它可以讓你更能堅持自己的正確想法，保持自己做人做事的風格，保持自己的個性，而不會輕易地受到負面評價的影響。所以，你要多去發現自己的優點，增加自己的自信心。

要記住，我們每個人都是世界上唯一的「我」，保持自己的個性，活著不是為了別人，而是為了自己，別人的說三道四其實無所謂。

轉個念不吃虧

美國著名心理學家馬斯洛認為，每個人都有歸屬的需要和自尊的需要，表現在個體身上就是希望自己能得到別人的認可，希望別人能給自己肯定和積極的評價。因此，我們每個人都會在乎別人對自己的評價，這是很自然的事情。

但是這需要把握好一個標準，如果你過度在乎別人的評價，總是為了讓別人滿意而改變自己，就會使你喪失自己的個性，最後陷入痛苦的泥潭中不能自拔。所以，不必苛求每一個人都對你滿意。無論再好，都有人討厭你，只管走好自己的路，讓別人去說吧！

「不知道」又怎樣？

美籍華裔諾貝爾物理學獎的獲得者丁肇中，在一次接受記者採訪中說的最多的一個詞就是「不知道」，當記者發現並問及為什麼先生總說「不知道」時，丁肇中很從容地答道：「正因為不知道，所以只能說『不知道』。」止因為敢於承認自己的不知道，才有可能朝著成為大師的方向前進，「笨鳥先飛」應該也是這個道理。

有一次，孔子到齊國去，路上看見兩個小孩正在辯論問題。孔子看了，覺得好有趣，就對跟在身後的學生子路說：「咱們過去聽聽孩子們在辯論什麼，好不好？」

子路撇了撇嘴說：「兩個黃毛小子能說出什麼正經話來？」

「掌握知識可不分年齡大小。有時候，小孩子講出的道理，比那些愚蠢自負的成年人要強得多呢！」子路聽完，一下子紅了臉，不敢說什麼。孔子走上前去和藹地說：「我叫孔丘，看見你們爭辯得這麼熱烈，也想參加進來，你們看可不可以呀？」

「噢，原來你就是那個孔夫子呀，聽說你很有學問。好吧，就請你來給我們評一評，看誰說的對！」兩個孩子說。

孔子笑著說：「別急，一個一個地講。」

一個孩子說：「我們在爭論太陽什麼時候離我們最近，我說早上近，他說中午近。你說說是誰對呢？」

孔子認真地想了一會兒，「這個問題我過去沒有考慮過，不敢隨便亂講，還是先請你們把各自的理由講一講吧！」

一個孩子搶著說話，「你看，早上的太陽又大又圓，可到了中午，太陽就變小了。誰都知道，近的東西大，遠的東西小。」

另一個孩子接著開口，「他說的不對，早上的太陽涼颼颼的，一點也不熱，但中午的太陽卻像開水一樣燙人，這不就說明中午的太陽近嗎？」

說完，兩個孩子一起看著孔子，「你來評評誰對吧！」

這下可把孔子難住了，他反復想了半天，還是覺得兩個孩子各自都有道理，實在分不清誰對誰錯。於是，他老老實實地承認：「這個問題我回答不了，以後我向更有學問的人請教一下，再來回答你們吧！」

兩個孩子聽後哈哈大笑，「人家都說孔夫子是個聖人，原來你也有回答不了的問題呀！」說完轉身就跑了。

子路很不服氣地說：「您真應該隨便講點什麼，就能把他們鎮住。」

孔子搖搖頭，「不，如果不是老老實實承認自己不懂，怎麼能聽到這番有趣的道理。在學習上，我們知道的就說知道，不知道的就說不知道，只有抱著這種誠實的態度，才能學到真正的知識。」

還有一次，在孔子周遊列國時去晉國的路上，遇見一位七歲的孩子攔路，要他回答兩個問題才能讓路。

「鵝的叫聲為什麼大？」孩子問。

孔子回答，「鵝的脖子長，所以叫聲大。」

孩子又問，「青蛙的脖子很短，為什麼叫聲也很大呢？」

孔子無言以對，便虛心地承認了自己不會。然後，他感嘆地對學生說：「我不如他，他可以做我的老師了。」

孔子被尊為聖人，除了因為他擁有博大精深的學問之外，和他嚴格要求自己，奉行誠實的原則也是分不開的。「知之為知之，不知為不知」，誠實地面對自己，以誠實的態度去面對別人，正是儒家思想精髓的一面。

人最怕的是不懂裝懂。如果不懂，一般還不敢隨便去做事，出問題的可能性會小些；如果沒有完全弄懂，卻又自認為懂了，那麼，放開手去做的時候，往往差之毫釐而繆以千里，到那時就後悔莫及了。因此，究竟明不明白，必須自己清楚，「不知道」又怎樣？千萬不要不懂裝懂。

「知之為知之，不知為不知」，這是最簡單樸實的人生道理，卻也是很難做到的。大概因為聰明之人難以抑制住自己內心的賣弄與炫耀，愚笨之人又難以克服自己的自卑與狹隘，這兩種情況，都會直接地導致不懂裝懂的情況出現。

曾有人說：「大學教師是教最複雜的知識，用最簡單的藝術；小學教師是教最簡單的知識，用最精闢的藝術。」那些有過教小學生家教經驗的人會有深刻的體會，本以為自己的學識足以應對天真爛漫的小傢伙時，卻發現自己真有點「黔驢技窮」的感覺，在一個個稀奇古怪問題的壓迫下，被逼得簡直是手足無措。「應該是」、「可能是」、「好像是」等詞語一個勁兒地蹦出來，矇對了是幸運，矇錯了是鄙視。

每個人都不可能掌握全人類的科學文化，時代在發展，科學也在進步，知識更在擴展，是個永無止盡的過程，那又何必再去計較一時的不知道呢？重要的是要認識到自己的不足，並努力去填補、提升自己。

轉個念不吃虧

「知之為知之，不知為不知」是種態度，也是一種品德。要承認自己一無所知，需要相當大的勇氣。承認自己的無知，是大智慧的人才有的品格。「不知道」又怎樣？承認自己無知，是一種態度，只有保持著這種態度，才能夠最大限度地吸取營養，才會用學習的眼光去看待一切，才會看到每一事物的正面，從中發現它的有益成分。

好機會？壞機會？

有兩個基督教徒，先後去問牧師在祈禱時能否吸菸。一個教徒先上前問牧師，「在祈禱時能否吸菸？」牧師生氣地回答，「不可以！祈禱時要專心致志，不能三心兩意！」另一個教徒上前問牧師，「在吸菸時能否做祈禱？」牧師愉快地回答，「當然可以！可貴的是吸菸時都沒有忘記做祈禱！」對於一個本質相同的問題，採用兩種不同的問法，得到了截然不同的答覆。

因此，有些事，並沒有你當初想的那麼嚴重。換一個角度思考，結果就可能完全不一樣。有些問題正面解決不了，那就反其道而行之，往往能收到意想不到的結果。

美國加利福尼亞有位剛畢業的大學生，在二〇〇三年冬季徵兵中依法被徵，即將到最艱苦也是最危險的海軍陸戰隊服役。

這位年輕人自從知道要到海軍陸戰隊服役後，便顯得憂心忡忡。在加利福尼亞大學任教的爺爺見到孫子一副魂不守舍的模樣，便開導他，「孩子啊，這沒什麼好擔心的，到了海軍陸戰隊，你將會有兩個機會，一個是留在內勤部門，一個是分配到外勤部門。如果你分配到了內勤部門，就完全用不著去擔驚受怕了。」

年輕人問爺爺，「那要是我被分配到了外勤部門呢？」

爺爺說：「那同樣會有兩個機會，一個是留在美國本土，另一個是分配到國外的軍事基地。如果你被分配在美國本土，那又有什麼好擔心的？」

年輕人問：「那麼，若是被分配到了國外的軍事基地呢？」

爺爺說：「那也還有兩個機會，一個是被分配到和平友善的國家，另一個是被分配到戰亂地區。如果把你分配到和平友善的國家，那也是件值得慶幸的好事。」

年輕人問：「爺爺，那要是我不幸被分配到戰亂地區呢？」

爺爺說：「那同樣還有兩個機會，一個是安全歸來，另一個是不幸負傷。如果你能夠安全歸來，那擔心豈不多餘？」

年輕人問：「那要是不幸負傷了呢？」

爺爺說：「你同樣擁有兩個機會，一個是依然能夠保全性命，另一個是完全救治無效。如果尚能保全性命，還擔心它幹什麼呢？」

年輕人再問：「那要是完全救治無效怎麼辦呢？」

爺爺說：「還是有兩個機會，一個是作為敢於衝鋒陷陣的國家英雄而死，一個是躲在後面卻不幸遇難。你當然會選擇前者，既然會成為英雄，有什麼好擔心的？」

無論人生遇到什麼樣的際遇，都會有兩個機會：一個是好機會，一個是壞機會（而且，壞機會也沒有你當初想像的那樣嚴重）。好機會中，藏匿著壞機會，而壞機會中，又隱含著好機會，這恰如硬幣的兩面，關鍵是我們以什麼樣的眼光、什麼樣的心態、什麼樣的視角去對待。

這正應了中國的那句古話，「禍兮，福之所倚；福兮，禍之所伏。」

對那些樂觀曠達、心態積極的人而言，兩個都是好機會；對那些悲觀沮喪、心態消極的人而言，則兩個都是壞機會。

有一個測試題：在一個暴風雨的夜裡，你駕車經過一個車站，車站中有三個人在等巴士，其中一個是病得快死的老婦人，一個是曾經救過你命的醫生，還有一個是你長久以來的夢中情人。如果你只能帶上其中一個乘客走，你會選擇哪一個？

結果很多人都只選了其中一個選項，而最好的答案是——把車鑰匙給醫生，讓醫生帶老人去醫院；然後你和你的夢中情人一起等巴士。

是因為我們把事情想得太嚴重嗎？還是我們從來不想放棄任何好處呢（就像那車鑰匙）？有時候，如果我們可以放棄一些固執、限制甚至是利益，我們反而可以得到更多。

什麼才是最難捨棄的？道義，還是一段感情？為什麼不能拋開和犧牲一些東西，而去獲得另一些永恆？

轉個念不吃虧

有些事，真的沒有你當初想得那麼嚴重。很多事情，你站在不同的角度，便會有不同的看法，與其愁苦自怨，倒不如換個角度，轉變一下心情。積極的思想帶來積極的效果，消極的思想帶來消極的效果。同一件事情，究竟是好機會還是壞機會？就看你怎麼選擇了。

煩惱是自找的

俄國著名作家契訶夫寫了一短篇小說《小公務員之死》，這是一則離奇的故事，也是一則悲哀的故事，更是一則值得人們深思的故事。

故事發生在一個夜晚，這個小公務員在看戲的時候，不小心打了一個噴嚏。打了之後，他看了看周圍的人有沒有受影響，這一看，他忍不住心慌了起來。坐前面的那個人，正用手套使勁地擦他的禿頂和脖子，嘴裡還嘟囔著什麼，而這個人是以前在交通部任職的一位退伍將軍。

小公務員說：「我的噴嚏濺到他了！」小公務員心想：他雖說不是我的上司，不過這總不妥當，應當向他賠個不是才對。他咳嗽一聲，身子探向前去，湊著將軍的耳朵小聲說：「請大人原諒，我的唾沫星子濺著您了……我出於無心……」

「沒什麼、沒什麼……」將軍說。

「看在上帝份上，請您原諒。要知道我、我不是有意的……」

「哎，請坐下吧！好好看戲！」將軍擺手說。

之後小公務員不斷地向將軍道歉，而將軍則是不耐煩地回答。他非常害怕，所以決定還要去將軍家賠個不是。小公務員來到將軍家，而將軍的回答還是不耐煩，不想跟小公務員多說。小公務員還是很害怕，一連幾天，他都去了將軍家，可是得到的答覆都是一樣的。最後，他回到家，在驚嚇和懊惱中鬱鬱而終。

一個噴嚏搞得自己終日惶恐，最終丟了性命，這或許是文學的虛構，不過在現實生活中，為了一丁點小事而惴惴不安的人還真不少見。

有人無意間說錯了一句話，傷害了朋友，為了不影響兩個人之間的友誼，他開始向朋友不停地解釋。有人付出大量的心血，卻沒有得到應有的認可，他便開始不停地解釋，希望人們認可自己的付出。

解釋，有時可以消除雲霧，但有時不但是多餘的，還會增加煩惱。我們何必為自己做錯了一件小事，或是與別人發生了小小的誤會而去苦苦糾纏呢！時間能做出最好的解釋，事實會做出最公正的回答。

一次，有一位學者去訪問原美國海軍陸戰隊的一位將軍。這位將軍是所有統率過美國海軍陸戰隊的人中最多彩多姿、最會拿派頭的將軍。學者對將軍的處事作風做了尖銳的批評，並將批評文章刊登在報紙上，但將軍卻是一副滿不在乎的樣子。

將軍說：「我瞭解，買了那份報紙的人大約有一半不會看那篇文章；看到那篇文章的人中，又有一半會把它當作一件小事情來看；而真正注意到那篇文章的人中，又有一半會在幾星期之後把那件事情全部忘記。一般人根本就不會想到我們，或是關注批評我們的什麼話，他們大部分時間會想到他們自己，無論是早餐前，還是早餐後，還是一直到午夜時分。他們對自己的小問題的關心程度，要比有關你或我的大消息多出一百倍。所以，我還有必要去解釋嗎？」

這位將軍的態度非常值得我們學習，我們雖然不能阻止別人對我們做出不公正的評價，但我們卻可以做出一件更重要的事——我們可以決定自己是否受到那些不公正批評的干擾。當然，不為無謂的爭執付出更多時間的解釋，並不是說拒絕一切批評，我們只是不去理會那些不公正的批評罷了。

美國一家公司的總裁，在被人問及是否對別人的批評敏感時，回答說：「是的，我早年對這種事情非常敏感。我當時急於要使公司裡的每一個人都認為我非常完美，要是他們不這麼想，我就會很憂慮。只要哪一個人對我有怨言，我就會想方設法地去取悅他。可是我所做的討好他們的事情，總會使另外一些人生氣。等我想彌補這些人的時候，又會惹惱其他人。最後我發現，我越想去討好別人以避免別人對我的批評，就越會使批評我的人增加，所以我對自己說：『只要你在工作就一定會受到別人的批評，還是趁早不去考慮這些為好。』這一點對我大有幫助，從那以後，我就決定盡我最大能力去做我該做的事情，而不去關注如何改變別人的看法。」

一個教授對他的學生演講時表示，他所學到的最重要的一課，是一個曾在鋼鐵廠裡做事的德國老人教給他的。那個德國老人跟一些工人發生了爭執，結果被那些工人丟到河裡。當老人走進教授的辦公室時，渾身都是泥和水。教授問他對那些工人說了什麼，他卻回答說：「我只是笑一笑。」

教授說，後來他就把這個德國老人的話，當作他的座右銘：只是笑一笑。

面對失敗和挫折，一笑而過是一種樂觀自信，然後重整旗鼓，這是一種勇氣。

面對誤解和仇恨，一笑而過是一種坦然寬容，然後保持本色，這是一種達觀。

面對讚揚和激勵，一笑而過是一種謙虛清醒，然後不斷進取，這是一種力量。

轉個念不吃虧

煩惱是自找的，試著對過去的事一笑而過。其實，一笑而過是一種大智慧，用這種智慧指導自己的人，比一味辯解的人更容易得到他人的諒解、理解與敬重。

彎腰的好處

印度孟買佛學院是印度最著名的佛學院之一。這所佛學院之所以著名，除了它悠久的歷史、建築的輝煌和它培養出了許多著名的學者以外，還有一個特點是其他佛學院所沒有的。這是一個極其微小的細節，但是，所有到這裡的人再出來的時候，幾乎無一例外地承認：正是這個細節讓他們受益無窮。

在佛學院的正門旁邊開了一個小門，門高一百五十公分，寬四十公分。一個成年人進去，必須側身彎腰，否則就會碰壁。

這是佛學院為新學生上的第一課，所有新來的學生，都會由他的老師帶領著來到這個小門，讓他進出一次。

很顯然，所有的人都必須彎腰進出，儘管有失禮儀，但卻達到了目的。

老師教育大家說：「大門當然進出方便，而且可以讓人很體面、很有風度地進出，但是很多時候，我們要進入的地方沒有很寬闊的大門，或者，有的大門是不可以隨便進入的。這個時候，只有學會了彎腰側身、暫時放下尊貴和體面的人才能進入，否則你只能被擋在牆外。」

這是佛家的哲理，其實也是人生的哲學。人生之路，尤其是在通向成功的路上，幾乎是沒有寬敞的大門的，很多的門是要彎腰側身才進得去的。只有彎腰，才能揀起地上的東西。只有把自己縮到最小，才能進入天下所有的門。

暫時的寄人籬下，暫時的委曲求全，都不要喪失信心，因為你是為了渡過暫時的逆境，是為了自己的未來。

彎腰是一種成熟。彎腰與面子沒有必然聯繫，高昂著頭的稻子穀粒乾癟，面子是有了，收穫卻沒有了。稻穀彎腰，預示著豐收，也意味著成熟。一個成熟的人，要懂得適時彎腰。

說到彎腰，自然會想到陶淵明的「不為五斗米折腰」，人格要保持挺立的姿勢，這是毫無疑義的。但陶淵明要採菊東籬下，直著身子恐怕採擷不到，他彎腰向田園，讓自己的汗水變成顆粒飽滿的收成，他的人格依舊是挺立的。

有位剛剛退休的資深醫生，醫術非常高明，許多年輕的醫生都前來求教，要求投靠在他門下。資深醫生選了其中一位年輕的醫生幫忙看診，兩個人以師徒相稱。應診時，年輕醫生成為得力助手，資深醫生理所當然是年輕醫生的導師。

由於兩個人合作無間，診所的患者與日俱增，診所聲名遠播。為了分擔門診時越來越多的工作量，避免患者等得太久，醫生師徒決定分開看診。

病情比較輕微的患者，由年輕醫生診斷；病情較嚴重的，由師父出馬。實行一段時間之後，指名掛號給醫生徒弟看診的病患，比例明顯增加。起初，醫生師父不以為意，心中也高興：小病都醫好了，當然不會拖延成為大病，病患減少，我也樂得輕鬆。

直到有一天，醫生師父發現，有幾位病人的病情很嚴重，但在掛號時仍堅持要讓醫生徒弟看診，對此現象他百思不解。為了解開他心中的疑團，醫生師父決定深入觀察，看看問題出在哪裡。

他發現，初診掛號時，負責掛號的小姐很客氣，並沒有刻意暗示病人要掛哪一位醫生的號。複診掛號時，就有點學問了，很多病人都從醫生師父那邊轉到醫生徒弟的診室。

問題就出在所謂的「口碑效果」，醫生徒弟的門診掛號人數偏多，等候診斷的時間也較長，有些病人在等候區聊天，交換彼此的看診經驗，呈現出「門庭若市」的場面，讓一些對自己病情較沒有信心的患者趨之若鶩。

更有趣的發現是，醫生徒弟的經驗雖然不夠豐富，但就是因為他有自知之明，所以問診時非常仔細，慢慢研究推敲，跟病人的溝通較多，也較深入。而且醫生徒弟很親切、客氣，也常給病人加油打氣，「不用擔心啦！回去多喝開水，睡眠要充足，很快就會好起來的。」類似的心靈鼓勵，讓他開出的藥方更有加倍的效果。

回過頭來看他這邊，情況正好相反。經驗豐富的他，看診速度很快，往往病患毋須開口多說，他就知道問題在哪裡，資深加上專業，使得他的表情顯得冷酷，彷彿對病人的苦痛漸漸麻痺，缺少同情心。

整個看診的過程，明明是很專業認真的，卻容易使病患產生「漫不經心、草草了事」的誤會。這是麥穗彎腰的哲學，其實，很多具有專業素養的人士，都很容易遇到類似的問題。

資深醫生並不是故意要擺出盛氣凌人的高姿態，但卻因為地位高高在上，令人仰之彌高，產生了遙不可及的距離感。

別忘了！越成熟的麥穗，越需要彎腰。

或者，我們也可以來個逆向思考，越懂得彎腰，才會越成熟。

轉個念不吃虧

保持謙虛和擁有成就感，也許就像魚與熊掌般難以兼得，但是絕對不是二選一的單選題。只要隨時提醒自己，放下專業的身分，願意誠懇地和比你資歷淺或職務低的人好好溝通，擁有成就的同時，依然可以保持謙虛的心胸。

學會減法生活

著名作家張小嫻說：「大多數的失望是因為我們高估了自己。」我們有太多的欲望，一旦不能達成，便成了失望。一個人最快樂的時候，是他乾渴難耐時，突然有一杯清涼的水放在他面前；一個人最痛苦的時候，是當他終於有了富貴名利之時，卻只剩下他自己孤零零的一人。給心靈做減法吧！減去心中過多的欲望，簡單地生活，讓心靈淡泊寧靜。

人生如釀酒，「減」去無味的水，量雖少了，味道反而醇厚了。農民在耕種時，想得大果實、好果實，必須要用「減」法，即玉米苗一尺來寬留一棵，其餘的鋤掉，一壟下來幾十棵嫩生生的玉米苗被斬殺。這樣，到了秋大才會有好的收穫。

人生的減法哲學，就是減去疲憊，減輕煩惱，減去心靈上的沉重負擔，減去一些奢侈的欲望，減去沒有價值的身外之物。

作為萬物之靈的人，應該寧願不要車子、鈔票、房屋，而要一份平平安安；不要燈紅酒綠、輕歌曼舞，僅要一份恩恩愛愛。減少了一次奢靡淫逸，就增加了一份靈魂的純淨與人生的寧靜；減少了一次誹謗嫉妒，就增加了一份人際的空間與道德的高度；減少了一次應酬周旋，就增加了一份家人的親情與生活的從容；減少了一次諂媚邀寵，就增加了一份人格的尊嚴與心靈的輕鬆。

人的欲望是無法滿足的，而機會稍縱即逝。貪欲不僅讓人無法得到更多，甚至連本可以得到的也將失去。

曾有一個貪心的地主去拜訪一位部落首領，想要塊領地。首領說：「你從這向西走，做一個標記，只要你能在太陽下山之前走回來，從這兒到那個目標之間的地，就都是你的了。」太陽西下了，地主卻沒回來，因為走得太遠，他累死在路上。如果地主沒有貪心，就不會失去得到一塊土地的機會，更不會把自己的性命給丟了。

有位女士，買手機時總是挑最新款。但沒過幾個月，市場上就出現了更流行的款式。她就接著買更新的，把不用的手機拿到二手市場便宜賣掉。對時尚的追求令她欲罷不能，幾年裡換了很多手機。最後她發現：不斷地換手機使她損失了上萬元，但她現在用的手機仍舊不是最新的款式。

有位男士在結婚前買了一間新房子，房子面積不算大，裝潢也很簡單，沒花多少錢。根據他的收入，這樣的面積和裝潢是合理的。如果貪圖奢侈，買大房子並做豪華裝潢，那在以後的幾年裡，他必須有節制地消費，有計劃地還房貸，生活將不再從容。這位男士說住進新房後感到很滿足，他不會羨慕別人面積更大、裝潢更漂亮的住家，更不會羨慕有錢人的豪宅，因為那樣會使他一輩子都不快樂。

人生的路途是一段段不同的風景，常常需要我們調整自己與現實磨合。在起伏跌宕的歷程中，只有善做減法，才能使我們平穩向前。貪多又求完美的心態，不但使很多人難承重壓，更背離了和諧的人生狀態。

有一位旅人，來到一片沒有道路、沒有草甚至連一株蒺藜都沒有的大漠，在廣闊灰暗的天空下，他看到一群人排成一隊，從遠處走來，向遠處走去。所有人都駝著背，因為他們每個人的背上都背著一個巨大的怪獸。怪獸醜陋而猙獰，有力而有彈性的肌肉緊緊地貼著人，並用巨大的前爪摳住背負者的胸膛，以便牠的大腦袋能緊壓在人的額頭上。

旅人問他們，這樣匆忙是要去哪裡？所有的人都茫然不知，但是很明顯，他們是要去什麼地方，是被一種強烈而不可控制的欲望驅使著、推動著他們不斷地行走。

最奇怪的是，這些人中沒有一個人對壓在自己身上的怪獸感到憤怒。相反，他們似乎認為這怪獸就是自己的一部分。他們的表情疲憊而嚴肅，沒有絕望，但卻是一副無可奈何，註定要永遠地走下去的神情。他們就這樣不停地向前走著，腳陷在沙中，很快，風沙就掩蓋了他們的足跡。

現實中，我們每個人又何嘗不是時時背負著怪獸卻又不自知呢！

問題的關鍵不在於我們是否知道自己背上了怪獸。因為我們的欲望如此之多，一生中難免會有幾次有意或者無意地背負上怪獸。有時發現了怪獸的存在，將牠狠狠地摔在地上，但不知不覺間或許又背上另外一隻或者更多的怪獸，就這樣周而復始。我們總是在偶然拾起，背負前行，忽然發現，痛苦衡量，再狠心拋下的迴圈中與怪獸們鬥爭著。

問題的重點在於不讓怪獸的爪子將我們緊緊地抓住。當我們沉迷某些東西的時候，我們應該問問自己是不是已經開始背負上了怪獸，我們究竟是為牠前行，還是為自己前行？

人生路上，請在怪獸抓牢你之前，發現牠，識別牠並採取措施，只有這樣，我們才能輕鬆前行。

轉個念不吃虧

人生幾何，既短亦長。因其短，我們要學會減法生活，加倍珍惜，用心對待。因其長，我們要學會化繁為簡，減去不必要的負擔與欲望，輕裝上陣。唯其如此，才能擁有更加豐富、充實、有趣且令人滿足的生活。

當然，化繁為簡做減法也不是懶惰和不思進取，而是主張剔除生活中可有可無的負累，不被名利所左右，不被物欲所驅使，不讓生活終日忙忙碌碌，不讓健康提前透支。

只想著自己，你真的快樂嗎？

年輕的時候，小秋一度著了魔似的喜歡詩歌，在一次文學獎的頒獎典禮上，認識了一位真正的詩人青山。青山僅比她大兩歲，已經在全國許多詩刊上發表過作品。她不只一次津津有味地朗誦他寫的浪漫唯美的愛情詩，陶醉其中，不能自拔。少女的矜持讓她沒有冒然去拜會詩人，但她的心裡已燃燒起一股無法撲滅的烈火。有時火勢小了，像是耗盡了所有的能量，待讀了青山的一首新作，又會熊熊燃燒起來。聽到主持人介紹青山，小秋的臉頰瞬間紅了。

典禮結束，小秋站在僻靜的角落，悄悄等候著青山。他終於離開了簇擁著的人群，緩步向小秋站立的方向走來。她慌亂得根本沒有抬頭看他，只倉促地喊了一聲青山老師。他陡然看見一位貌如天仙的妙齡少女，羞答答地攔在面前和他打招呼，猝不及防，竟愣住了。

兩個人閃電般地瘋狂熱戀，又以更快的速度步入婚姻殿堂。但是，青山對嬌妻的品味剛剛開頭，籠罩在他頭上輝煌壯麗的詩人光環，卻在小秋近距離的審視下慢慢褪色。

青山出身工人家庭，本身也是普通工人，五短身材，其貌不揚，這一切和出生豪門世家俏麗的小秋相比，真有天壤之別。當初，小秋的父母企圖阻止這場極為不和諧的婚姻，但他們的努力卻是火上澆油，小秋敢作敢為，早以身相許，父母只得體體面面地策劃了女兒的婚禮。這一切，小秋都不後悔。

然而，小秋自小就有潔癖，而青山卻有很多不衛生的習慣。他睡覺前從不刷牙，總是將菸灰彈得到處都是，他甚至在裝修豪華的臥室裡吐痰。他的這些陋習小秋都還能容忍，唯獨一件事她始終無法容忍，那就是他那滿嘴參差不齊的黃牙齒。

不知從哪一天起，小秋發現了青山的黃板牙。一個詩人，怎麼能長出一口這樣令人反胃的牙齒呢！她憤憤地想。當天夜晚，青山求歡，她的興趣驟減，雖然沒有抵抗住他的百般糾纏，卻緊閉雙唇，沒和他接吻。此後，她也不再和他接吻。

隔日，青山牙齒美白工程在小秋的策劃下開始實施。她買來刷毛堅硬的牙刷，刷得他滿口血沫；她讓他一天刷三遍牙，刷得他牙齦萎縮；她買來潔白牙膏，帶他去洗牙，甚至動員他拔掉黃牙，換一口白牙。要不是後來小秋患了病，她還會無休無止地折騰下去。

小秋患了一種罕見的怪病，她分泌的唾液裡沒有了消化酶，不能分解吞嚥任何東西。如果她還想活下去，有兩種辦法：一種是通過靜脈注射營養素維持生命，長期住院；一種是吃下別人咀嚼過的食物，過正常人的生活。

在醫院住了兩個月，小秋日漸委頓，整個人瘦得變了形，彷彿一張紙片貼在床頭上，她說話的聲音也細軟得宛如清風吹動紙片的輕微聲響。在父母的建議下，她出了院，回到了自己家裡。

母親幫忙做飯，做了幾個小秋愛吃的菜。青山端著碗，餵她吃飯。飯菜確實很香，他把飯菜放進嘴裡，細細嚼碎了，挖在勺裡，朝小秋遞去。她卻將頭偏向一邊。

「小秋，我仔細刷了牙的。」青山輕輕地說。

小秋沒有回答。

「吃點吧。」青山溫言勸道。

小秋還是不予理睬。

「別餓壞了身體。」青山拍拍她的後腦勺。

小秋轉過臉來，白了他一眼。

青山嘆了一聲，訕訕地放下碗，垂頭走了出去。

母親見狀，緩步走進來，慢慢捧起碗，在小秋床邊坐下。她盯著女兒的眼睛，笑了笑說：「妳既然選擇了他，就要學會愛他，要愛他的一切。妳要知道，愛不是索取，不是占有，而是奉獻，是付出。妳要懂得寬容，更要懂得忍耐。」說著，她將那勺青山嚼過的飯菜送到女兒嘴邊，沉聲說：「妳不能太自私，妳必須吃下去。」

小秋皺著眉頭，清淚長流，過了好一會兒，才輕啟嘴唇，開始進食。

三年過去了，小秋的病情有了好轉，已經能自己吃點東西了。三年來，青山一日三餐咀嚼飯菜餵她，還時不時嚼些水果和點心給她吃，甚至幫她嚼女人愛吃的零食。

慢慢地，小秋的病好了，青山的牙齒卻徹底完蛋了。他多年咀嚼超過常人一倍的食物，牙根全部鬆動，滿嘴牙齒按哪一顆都會晃動。他只能吃一些流質的食物，稍微堅硬一點的，反而需要小秋咀嚼爛了餵他。

終於，青山的牙齒在一年之內陸續提前退役了。沒有了牙齒，他像一個癟嘴的老公。小秋陪著他去看牙醫，訂做假牙。咬好了牙模，小秋問醫生，「有黃色的假牙嗎？我們做一副。」

醫生不解地瞪著她問：「為什麼？」

青山也吃驚地瞪大了眼睛，他多想擁有一口雪白整齊的牙齒啊！

「不為什麼。」小秋咯咯地笑開了，瞄了青山一眼，認真地對醫生說：「我總覺得，他沒了黃牙，就不是他了。」

轉個念不吃虧

只想著自己，你真的快樂嗎？很多人只強調自己的感受，卻忽略了別人的感受。瑣碎平庸的生活不過是柴米油鹽，需要很多的耐心和替對方著想的愛心。一對夫妻，如果各自只想著自己，拆夥只是遲早的事。

比較，是一種巨大的壓力

阿浩在大學時代就和同班同學小菲戀愛，兩個人的感情一直都很穩定。可是大學畢業後，小菲去了加拿大留學，阿浩考慮到自己的事業在國內更有前途，所以根本就沒有去國外的打算，而小菲又不想很快回國，所以兩個人商量後，便友好地分手了。

一次偶然的機會，一名叫花花的護理師闖進了阿浩的視線，經過長時間的觀察，阿浩發現花花雖然只有高職畢業，但是人長得很漂亮，而且為人熱情、大方，善良又有耐心，他覺得這種女孩非常適合做自己的妻子，因為自己是個「工作狂」，如果能夠娶到花花這樣的女孩，她一定會是個賢內助，肯定能成為自己發展事業的好幫手。於是在他的狂熱追求下，花花終於成了他的女朋友。

為了避免不必要的麻煩，阿浩從未對花花說起自己過去和小菲的那段戀情。而阿浩和花花的感情也越來越熱烈，甚至到了談婚論嫁的地步。也正如阿浩所料，花花果然對他的事業幫助很大。休班的時候，花花總是到阿浩的住處幫助他打掃房間、洗衣、做飯，有時還幫忙他查閱、列印資料，兩個人都充分享受著愛情的甜蜜和美滿。

一天，阿浩的一位大學同學因為出差順便來找阿浩，晚上在飯店要款待老同學的時候，阿浩帶花花一起去了。

由於久別重逢，阿浩和那位老同學都感到很興奮，兩個人都喝得有點多。那個老同學忽略了花花的感受，對阿浩說，他們這些老同學都對阿浩和小菲的分手感到十分遺憾，因為小菲是那樣才華橫溢，將來肯定能在事業上大有作為。大家原本以為他們倆是天造地設的一對，在事業上一定也會比翼雙飛。

雖然那位老同學也說，今天見了花花後，也就不會再遺憾了，因為花花的漂亮和善解人意是小菲所無法比的，但是這絲毫沒有減輕花花心中的痛苦。她第一次知道在自己之前，阿浩還有過一個聰明而有才華的女朋友，尤其是那個女朋友比自己優秀很多，比自己學歷高，而且還去了加拿大留學。

在花花看來，阿浩之所以要對自己隱瞞這段感情，一是小菲因為出國而拋棄了他，他出於一個男人的自尊不願意對自己提起；二是因為他至今都忘不了小菲，自己不過是阿浩用來掩飾心靈創傷的一個ＯＫ繃罷了。她為自己成了小菲在阿浩心目中的替代品而感到可悲。

那天回來後，花花跟阿浩大鬧了一場，儘管阿浩百般解釋自己是一心一意地愛著她，至於小菲，那完全是過去式，他對小菲真的已經沒有愛的感覺了，但是花花的心中還是產生了疙瘩。

從那之後，花花處處自覺或不自覺地提起小菲。有時阿浩誇花花幾句，她就冷不防地來上一句，「你以前是不是也常常這樣誇小菲？」有時候花花什麼事情沒做好，阿浩向她提意見，她便反脣相譏，「對不起，我就是這種水準，誰叫你放走了才女，交了我這個低學歷、沒本事的女朋友，後悔了吧？」

一次，阿浩要去加拿大出差，花花一邊幫他收拾行李，一邊問：「就要見到小菲了，心情一定很激動吧？」當時阿浩正急著整理去加拿大要用的資料，沒顧得上搭理花花，這更加加深了花花的誤會，她又說：「好馬也吃回頭草，如果現在小菲還是一個人的話，你們這次就在加拿大破鏡重圓了呢！」

這時，阿浩不耐煩地回了一句，「妳怎麼又提小菲，煩不煩啊！」不料，花花臉色大變，「我學歷低、能力差，你當然煩我了。要煩了就明說，我不是那種沒有自尊、非要賴上一個男人不可的人。」說完甩門離去。

由於第二天就要啟程去加拿大，所以阿浩就想等回國後再去找她解釋，可是他沒有想到，等他回國後，花花已經火速地經別人介紹認識了一個男朋友。

她對他說：「我現在的男朋友各方面都不如你，我這麼急著另找一個人，也是為了逼自己離開你。我必須斷了自己的回頭之路，因為我明白，我和你、小菲之間有很大的差距。即使小菲已經成為過去，但在潛意識裡，她永遠都會是我的競爭對手，可是她的層次是我永遠都無法達到的，這會讓我一輩子都活得很不安，活得很苦很累，這不是我想要的生活。」

戀人的前一段感情，往往容易導致後來者，總是惦記那個已經離戀人而去的人，他們不但對過去的人和事耿耿於懷，而且會不斷地提醒戀人「永遠不要忘記」。如此一來，那個原本已經成為了過去的人，便長期糾纏在兩個人的愛情中，最終導致愛情危機。

對於已婚者來說，尤其是女性，往往愛拿自己的丈夫去跟他人比較。在比較的過程中，逐漸擴大了自己丈夫的不足，而忽視了他的長處，於是就拼命驅趕著丈夫奮起直追，不惜讓其累倒，甚至搭上了命。

愛人的職責，就是幫助自己的戀人或丈夫實現他們的理想，在這個過程中不要挑剔他，不要拿他來和周圍的人相比，也不該設法使他工作過量，而是應該溫柔地鼓勵他、讚賞他，為他加油打氣。

不幸的是，有些女人一心想要丈夫成為自己想像中的樣子。這種女人虛榮心太強，渴望自己的丈夫能比別人更富有，能比別人地位更高、名聲更響，於是她們的丈夫就無時無刻不處在巨大的壓力下。這種壓力深深地打擊了男人的自信心，更影響了家庭生活的和諧。

轉個念不吃虧

男肯娶女肯嫁，都代表著對對方的肯定，至少在結婚之初，大家確認對方是自己可以相守一生的伴侶。婚姻是既實在又瑣碎的，激情消失之時，雙方缺點暴露無遺，此時，切不要拿他戀愛時的模樣與現在相比，更不要拿別人跟他比，因為「比較」是一種巨大的壓力。

抱怨能改變什麼？

人們常遇到的事有兩件，即可以改變的事和不能改變的事。可以改變的事，我們一般能坦然面對；而不能改變的事，我們卻習慣了採用抱怨的態度來面對。

對生活的抱怨，我們在許多場合中都能聽到。一個女兒對父親抱怨她的生活，抱怨事事都那麼艱難，她不知該如何應對生活，想要自暴自棄。她已厭倦抗爭和奮鬥，好像一個問題剛解決，新的問題便會馬上出現。

她的父親是位廚師，父親把她帶進廚房。他先分別在三個鍋裡各倒入一些水，然後把三個鍋分別放在大火上燒。不久，鍋裡的水燒開了，他往第一個鍋裡放了些胡蘿蔔，第二個鍋裡放進一顆雞蛋，最後一個鍋裡倒入咖啡粉，然後繼續煮，整個過程父親一句話也沒有說。

女兒咂咂嘴，不耐煩地等待著，納悶父親在做什麼。二十分鐘後，父親把火關掉，把胡蘿蔔撈出來放入一個碗裡，把雞蛋撈出來放入另一個碗內，然後又把咖啡舀進一個杯子裡。做完這些後，他才轉過身問女兒，「親愛的，妳看見什麼了？」

「胡蘿蔔、雞蛋、咖啡。」她回答。

父親讓她靠近些，並讓她用手摸摸胡蘿蔔，她摸了摸，注意到它們變軟了。父親又讓女兒拿起雞蛋並打破它，將殼剝掉後，女兒看到的是一顆煮熟的水煮蛋。最後，父親讓她喝了咖啡。品嘗到香濃的咖啡，女兒笑了，問道：「爸爸，這意味著什麼？」

父親解釋說：「這三樣東西面臨同樣的逆境——煮沸的水，其反應各不相同。胡蘿蔔入鍋之前是強壯的、結實的，但經沸水的洗禮之後，它們變軟了，變弱了。雞蛋原來是易碎的，它薄薄的外殼保護著它呈液體的內部，但是經沸水一煮，它的內部卻變硬了。而咖啡粉則很獨特，進入沸水之後，它倒改變了水。」然後，他問女兒：「哪個是妳呢？當逆境找上門來時，妳該如何反應？妳是胡蘿蔔，是雞蛋，還是咖啡粉？」

事實上，生活中有很多事情我們無力改變，所以我們必須學著去接受，從最樂觀的角度來審視它們，而不是抱怨我們無力改變的事情。

一位青年時常對自己的貧窮抱怨不已，有一天，他終於鼓足勇氣敲開了一位富翁家的門，希望那位白手起家的富翁，能夠告訴他一些關於致富的祕訣。

「你一定是來問我，我是怎樣白手起家的吧？」一進門，富翁首先問道。

「您是怎麼知道的？」青年暗暗地對富翁的判斷力感到驚訝。

「因為在你之前，已經有很多自以為一無所有的年輕人來找過我。來這裡的時候，他們確實貧困潦倒而且牢騷滿腹，但走時儼然一個個都成了富翁。你也具有如此豐厚的財富，為什麼還抱怨不止呢？」

「那到底是什麼呢？快告訴我呀！」青年急切地問。

「你的一雙眼睛，只要你給我雙眼，我可以用一袋黃金作為補償。」

「不，我不能失去眼睛！」青年大聲回答。

「好，那麼讓我要你的一雙手吧！這樣我就可以把你想得到的東西都給你。」

「不，雙手也不能失去！」青年尖叫道。

「有一雙眼睛，你就可以學習；有一雙手，你就可以勞動。現在你明白了吧？你有多麼豐厚的財富啊！這就是我的致富祕訣。」富翁微笑著說。

青年聽了，如夢方醒。他謝過富翁，昂首闊步地走了出去，儼然自己也成為了一位富翁，因為他知道自己已經擁有了致富的本錢。

生活中，有許多人都像這位青年那樣，不是抱怨命運不公，就是抱怨無人賞識。其實，生活的富有就是用自己擁有的東西創造價值，不是嗎？

我們都很富有，不要抱怨生活給你的太少。當你哭泣自己沒有鞋子穿的時候，你會發現還有人沒有腳。珍惜所擁有的，命運需要自己去創造，需要自己去呵護，每個人都能創造出人生中最美麗的風景！

轉個念不吃虧

抱怨能改變什麼？有些你能改變的事情，如果你期望改變，那就這樣做吧，但千萬別抱怨！若這種改變需要你將自己的意見告知他人，請確定你表達的方式傳遞了積極樂觀的態度，因為人們對抱怨的反應總是消極的。

讓我們約定：寧讚美，勿抱怨。

學會拒絕，當生活的主人

有一篇小說，講述的是一個叫詹姆士的大學生，靠自己勤工儉學生活。一天，他的姑姑來看他，想和他共進晚餐，但他的錢僅夠自己當月的伙食，要請姑姑吃飯，他就會餓肚子，但姑姑對他很好，他不好拒絕。

後來姑姑帶他進去一家高級餐廳，並且總點昂貴的食物。他無法說出「不」，只能在心裡暗暗盤算如何應對當月的生活。最後他的姑姑替他付了錢，並且意味深長地說：「孩子，你的社會生活即將開始，這是我給你上的人生重要的一課，為了這節課，可害苦了我的肚子，要知道，我一天也吃不了這麼多東西啊！記住，要學會說『不』。」

很多人被迫同意每個請求，寧願竭盡全力做事，也不願拒絕幫忙，即使自己沒有時間。其實學會委婉的拒絕同樣可以贏得周圍的人對你的尊敬，有時候，我們要學會說「不」，學會拒絕！

生活中，誰也免不了遇到親戚朋友開口向你借錢的事，如果你很富有，幫助一下他人是力所能及的，但如果你不是很富有，又有人向你借錢，你還擔心對方借錢不還，那借錢的事就要三思而後行了。如果是朋友要借錢吃喝玩樂，那你更應該巧妙地拒絕，避免借錢不成造成的情感危機。

當一個人能夠克服「不好意思拒絕」的心理，並具備「拒絕他人」的技巧，由此而節省的時間和精力將十分可觀。

拒絕他人，是一種應變的藝術。因為難於拒絕別人的要求，於是連那些自己做不來的事情也接了下來，結果使對方的期待落空，破壞了彼此之間的友誼。所以，應學會運用聰穎和智慧，巧妙地使用拒絕的話語，以堅持自己的意志，擺脫不利的局面，同時也能維持雙方的關係。

歷史上很多成功的領導者都精通拒絕的藝術，在說「不」的同時也能給足對方的面子，十九世紀英國首相迪斯雷利就是這樣的人。

有個軍官一再請求首相迪斯雷利加封他為男爵，首相知道此人才能卓越、技高一籌，也很想跟他搞好關係。但軍官遠遠不夠加封條件，首相無法滿足他的要求。一天迪斯雷利把軍官單獨請到辦公室，很誠懇地對他說：「親愛的朋友，很抱歉我不能給你男爵的封號，但我可以給你一件更好的東西。」

迪斯雷利放低聲音說：「我會告訴所有人，我曾多次授予你男爵的封號，但都被你拒絕了。」

這個消息一傳出，眾人都稱讚軍官謙虛無私、淡泊名利，對他的禮遇和尊敬遠遠超過任何一位男爵。軍官由衷感激迪斯雷利，後來成了他最忠實的夥伴和軍事後盾。

不敢和不善於拒絕別人的人，生活中往往得戴著「假面具」生活，活得很累又丟失了自我，事後常常後悔不已，但又因為難以擺脫這種「無力拒絕症」而自責、自卑。其實，學會拒絕的藝術並不困難，我們可以嘗試謝絕法、婉拒法、回避法、補償法、自護法等手段為自己擺脫窘境。

某部影集有一個片段，內容講的是新鄰居總是來向他們家借一些日常生活用品，大到梯子及廚房用具、小到雜誌及刮鬍刀，而男女主人都好面子，不好意思當面拒絕新鄰居的要求，更不好意思說「不」。但新鄰居借去用的東西，從來都是有借無還的，這也正是男女主人的苦惱之處。而他們的女兒倒是替他們解決了這個苦惱的問題：用一句「不」就解決了所有的問題，並從新鄰居家要回了他們借去的所有東西。

保持自尊，正是學會拒絕的第一要素。除非你同意，任何人都不能傷害你。在現實生活中，假如你一味地取悅他人，到最後，苦惱的只能是自己。

職場中，每個人都會有或多或少的苦惱。有時候，對於痛苦，我們會選擇逃避，會選擇掩飾，或者選擇忍耐，但就是想不到拒絕，因為溫良謙讓的教育，使我們既不敢拒絕，也不會拒絕。

一個朋友，總讓你幫忙做事，卻連一句「謝謝」都沒有，似乎一切都是應該的。想想是為朋友幫忙，就不該怕苦怕累，但自己工作繁忙幾乎疲於應付，每次都不開心地去「幫忙」，心情真是鬱悶。

一個偶然的機會，你得知同事的薪水竟是自己的三倍以上，可是大家所做的事情卻相差不大，於是你做事情再沒有了以前的那股熱情和動力。

你認真負責在做事，但公開場合，那些態度強勢、善於表現自己的人，竟然幾番數落你，真讓人火大……

就這樣，天長日久，那些麻煩的事，從你幫忙做，到你總是做，到你就應該做；而那些所謂的好事，則是從沒有你，到總是沒有你，到就不應該有你！

很多時候，我們因為害怕傷害別人，就一直在傷害自己。其實成功的人都是那些敢於說真話的人，關鍵是你怎麼去說。要做一個真實的自己，才能活得更坦蕩無悔。

從前，有個人去找禪師求得解脫痛苦的方法，禪師讓他自己悟出。第一天，禪師問他悟到什麼？他說不知道，禪師便舉起戒尺打了他一下；第二天，禪師又問，他仍說不知道，禪師舉起戒尺又打了他一下；第三天，他仍然沒有收穫，當禪師舉手要打時，他卻擋住了，於是禪師笑道：「你終於悟出了這道理——拒絕痛苦。」

告訴那個總是無端找你幫忙的人，你也有自己的事情要忙，每個人的時間都是很寶貴的。

告訴那個竊走你勞動果實的人，自己付出的勞動是要受到尊重的。

告訴你的主管，你希望自己的價值與業績聯繫在一起，自己多做的工作，應與自己的職位、薪水相匹配，不增加報酬就不該接受更長期的責任，除非有其他補償。

告訴那個無理找事的人，這就是工作，換了他也一樣會出現類似的問題，不尊重他人也得不到他人的尊重。

學會拒絕，是一種自衛、自尊與沉穩，是一種意志和信心的體現，也是一種豁達與明智。

敢於拒絕，也要善於拒絕，既能夠拒絕別人，又不能讓對方太尷尬和難堪。一旦決定要拒絕對方，心意就要堅決，但拒絕的方法不要過於僵硬，要懂得委婉，不傷害到他人自尊。

轉個念不吃虧

如果你沒學會拒絕，金錢會使你迷茫、失去自我；奢侈會使你墮落，埋沒自我。只有懂得拒絕，才能正確把握人生方向，不會在人生的岔路口迷失，不會走進人生的死巷。

學會說「不」，讓自己走出迷茫。學會拒絕，當生活的主人！

不盲從，才有機會成功

據說，生物世界裡有一種魚叫鰷魚，通常行動時都有一個「領袖」，其他魚均在牠的領導下行動，非常有秩序。德國有一位生物學家做了一個特殊的實驗，切除有「領袖」地位的鰷魚的腦子，但這條魚仍能維持相當一段時間的生命，當牠被放回水中的時候，已經喪失正常魚的抑制力，隨意地游向任何地方，而令人驚奇的是，其他鰷魚依然盲目地跟隨牠。

這說明在生物界存在著「盲從」現象。

其實，在我們人類的心裡，也存在「盲從」。比如說，當你面對一個你完全不瞭解的且根本無法知曉的領域，你往往會傾向於多數人的選擇。大家都說，人氣最高的餐廳菜色一定不錯，排隊排很長的小店東西一定很好，為什麼呢？因為我們無法判斷或者沒有充足的時間和精力去判斷餐廳的飯菜好吃與否，所以常會不加思考跟隨多數人的選擇。

美國著名思想家、散文家愛默生曾說過：「想成為一個真正的人，首先必須是一個不盲從的人。」應該承認，人們是在自己的意志下做事，但也不否認，有些情況下是盲從於人的，而也正是這為數不多的情況下的盲從，在人生中起著巨大的影響。

因此，只要認為自己的立場和觀點正確，就要勇敢地堅持下去，無論外在的誘惑有多麼大，我們也不去盲從，不過分計較別人的評價。

被稱為「世界旅館大王」的凱蒙斯．威爾遜就是一個做事不盲從、勇於堅持自我的人。他開始創業時非常艱難，基本上一無所有。第二次世界大戰後，威爾遜積攢了一點錢。他從長遠的眼光出發，認為從事房地產生意一定會賺錢，於是，他決心從事房地產生意。

由於當時剛剛經歷過戰爭，經濟不景氣，各行各業有待復甦，人民生活不太富裕，做房地產生意的人很少，建住宅、商業大樓和廠房的人也不太多，所以房地產一直不被人們看好，價格也很低。連威爾遜身邊的朋友都認為從事房地產生意不賺錢，勸他謹慎投資。但威爾遜卻不這樣認為，他堅持自己的觀點，並堅信：當時的美國經濟雖然落後，但作為戰勝國，經濟一定會很快復甦，房地產的升值潛力也一定有很大的空間。

於是，威爾遜用自己全部的家當和一部分的貸款，買下了離市區很遠且是一塊不被人看好的地皮。這塊地皮地勢低窪，既不適宜耕種，也不適宜蓋房子，所以一直無人問津，可是威爾遜親自到那裡看了兩次以後，竟以高價買下這塊草叢遍布、一片荒涼之地。

這一次，連很少過問生意的母親和妻子都出面干涉。可是威爾遜認為，美國經濟很快就會繁榮起來，城市人口會越來越多，市區也將會不斷擴大，他買下的這塊地皮一定會成為黃金寶地。

事情正如威爾遜所料，僅僅過了三年，城市人口驟增，市區迅速發展，馬路一直修到了威爾遜那塊地的邊上，大多數人才突然發現，此地的風景實在宜人，寬闊的密西西比河從它旁邊蜿蜒而過，大河兩岸，楊柳成蔭，是人們消夏避暑的好地方。

於是，這塊地皮馬上身價倍增，許多商人都爭相用高價購買，但威爾遜並不急於出手，叫人琢磨不透。後來，威爾遜自己在這塊地皮上蓋起了一座汽車旅館，命名為「假日酒店」。

假日酒店由於地理位置好，舒適方便，開業後，遊客盈門，生意非常興隆。從那以後，威爾遜的假日酒店便像雨後春筍般，出現在美國及世界其他地方，這位高瞻遠矚的「風水先生」獲得了巨大的成功。

試想一下，親人、朋友的建議也不是沒有道理的，但如果威爾遜真的很在意這些意見的話，還會有他後來的巨大成功嗎？

所以，只要是自己認定的事情，就別太在意別人的看法，更不要去盲從，否則吃虧的只有自己。

轉個念不吃虧

做生意如同下棋，平庸之輩只能看到眼前的一兩步，高明的棋手卻能看出後五六步。能遇事處處留心，不盲從，比別人看得更遠、更準，這便是威爾遜具備的企業家素質。

不盲從，才有機會成功。有的時候，對於自己的信念，只要是對的，就一定要堅持，千萬不可人云亦云。

第3章 不計較過去，快樂每一天

記住該記住的，忘記該忘記的，改變能改變的，接受不能改變的。因為有些事情我們無法控制，只能控制自己。正如你出生的時候，你哭著，周圍的人笑著；你逝去的時候，你笑著，而周圍的人哭著！所以，請珍惜時間，感受生活，讓往事隨風，快樂當下！

錯過了也不遺憾

他和她認識的時候，都不那麼年輕了，已經過了適婚年齡，是別人給他們介紹的。他們約在一家很有名的餐廳門口見面，她簡單打扮了一下，提早去了幾分鐘。沒想到，他卻遲到了。

來的竟是如此好看的男子，早已褪去了男孩的青澀和單薄，神情略顯沉穩，衣服穿著得體、有品味。一見面，他就誠心地道歉，說路上塞車，足足塞了四十五分鐘，請她一定要原諒。

她笑著說：「沒關係！」暗自算了算，如果不塞車，他會比她早到一會兒的。兩個人就這樣進了餐廳，找了靠窗的位置坐下。他把菜單遞給她，讓她想吃什麼就點什麼。

她還是笑，小聲說：「我在減肥呢！」

他也笑，說：「不用啊，胖點兒怎麼了？只要健康就好，再說妳也不算胖啊！」索性拿過菜單，也不看價格，招牌餐點一連點了好幾道。

感覺得出來，他對她的印象不錯，她也是。

他時時處處照顧她的感受，體貼她，就好像體貼一個小女生，讓她感受到被寵愛的溫暖。

就這樣，他們慢慢接觸了。過了差不多半年，他向她求婚，她點頭同意了。她覺得自己終究還是個有福氣的女子，在這樣的年紀，還能遇到這樣溫和、體貼又英俊的他。

結婚前幾天，他們的好朋友幫他們收拾新家，有兩個人單身時的一些物品，其中也包括各自的舊相簿。大家翻出來看，看到了年輕時候的他們。

那時候的他，英俊挺拔，穿著休閒，戴著很酷的腕錶，眼神裡透著不羈的味道；而那時候的她，稍有那麼一點點胖，但非常漂亮，眉目中滿是清高、滿是驕傲。

有朋友「呀」了一聲，對他們說：「可惜你們沒有早幾年遇到，那時候才真的叫金童玉女。」

他笑了，她也跟著笑了，卻都沒有說話。那一刻，他們心裡都明白，幸好他們沒有早幾年遇到。那時候的他，叛逆不羈，喜歡個性冷酷的瘦小女孩；而那時候的她，對男孩子格外挑剔，更容不得男人遲到……他們就是這樣，因為挑剔，因為不夠寬容，在最年輕的光陰裡一再錯過愛情。

真的不遺憾，沒有在最青春美貌時遇見。因為我們要的，終究不是那一場驚天動地的愛戀，而是天長地久的溫暖相伴。

轉個念不吃虧

太早遇上你了，我還不懂得愛你，還不懂得珍惜你；太晚遇上你了，我已經不再像從前那樣，會義無反顧地愛一個人。感謝上蒼能讓我在最合適的時間遇見你，儘管這時間並不是我們最青春、最美貌的時候！即使錯過了美麗，我們也不覺得遺憾。

面對無法改變的失誤，就改變心態吧！

某天，一位教授帶了一瓶牛奶去上課，當他把牛奶放在桌上翻書時，不慎將瓶子打翻，牛奶流了一地。看到學生驚詫和惋惜的表情，教授平靜地對學生說：「別為打翻的牛奶哭泣。」

別為打翻的牛奶哭泣，這句貌似簡單平常的話裡，蘊含著深刻的人生哲理。牛奶已經打翻，再哭泣也沒有用，不如振作起來投入到新的挑戰中。

打翻一杯牛奶並不要緊，重要的是，我們在生活中別為了打翻的一杯牛奶，而荒廢了整個早上，也許是一整天，也許是更長的一段美好的光陰。只要你吸取教訓，以後就不會再有被打翻的牛奶。如果你一直在為那杯被打翻的牛奶哭泣，你以後也許就再也品嘗不出牛奶的味道了。

在生活的舞臺上，沒有旁觀者，每個人都是演員，生活就是導演，由於準備不足，或者說客觀環境的限制，難免會演砸：一次國考的失敗，一次刻骨銘心的失戀，一次創業的失敗。生活總是按照自己的規律，而不是以人的主觀意識進行著。

有人從失敗中吸取教訓，又滿懷信心地投入新的生活，開始了新的一天；有人卻深陷在失敗的泥潭中，不能自拔。我們知道應選擇前者，從失敗的陰影中走出來，從頭再來，但在生活中，需要的不僅是勇氣和決心，還有時間。有些人從失敗中解脫出來，需要幾天、幾個月，有的人則要幾年甚至幾十年。

從前，有位鄉下青年，讀了點書，嫌鄉村的生活太單調，決定要去城裡闖世界。臨走時，他向村長請教，村長給了他三個字「不要怕」，並講好等他回來時，還有另外三個字相贈。

三十年後，歷盡滄桑的青年帶著滿頭白髮回到鄉村生活。回來時，得知當年的村長已去世，心中悵然若失，不知村長另外要贈的三個字是什麼。村長的兒子轉交給他一個信封，說是村長臨死前囑咐交給他的。信中只有三個字——「不要悔」。

「不要悔」，是一種心態。人生是一個過程，而不是一種結果。人的一生就是把無數的明天變成今天，再把今天變成昨天。就算我們錯過了昨天，也還有很多可以把握的今天。

轉個念不吃虧

錯誤在人生中隨處可遇。有些錯誤可以改正，可以挽救，而有些失誤就不可挽回了。改變不了的事實，我們有時只能聽之任之。那麼，是不是我們面對人生的失誤就只有一籌莫展了呢？不，我們可以改變心態，讓我們的人生擁有一個樂觀的心態，這種樂觀的心態能幫我們重建人生的信心。

往事隨風，快樂當下

人生的前方是一片更為遼闊的天空！往事會疊加我們當下的痛苦，讓往事隨風而去，快樂就會從現在開始。

一位美麗的女孩，決心要參禪悟道，因此向一位老禪師請教說：「禪師，我要怎樣才能參禪悟道呢？」老禪師看了看她，心想：這麼漂亮的女孩子，塵世裡既往的羈絆紛擾一定很多，如何能讓她參禪悟道呢？

老禪師思考了一會兒，便教她一句偈，「隨他去，不管他，一切隨風！」

當然，老禪師過去教人參禪的方法很多，比如：「念佛是誰？」、「父母未生我之前，什麼是我的本來面目？」等。如今這一句偈，無非是要她止息心外來往的紛擾，得以明心見性，證悟佛法。

而這位美麗的女孩，不負老禪師的悉心指導，緊緊記住這句偈，努力地參究。

有一天，有人轉告她，她的前男友來找她了。她不為所動地說：「隨他去，不管他，一切隨風！」

又有一天，她母親打來電話告訴她，「妳買的彩券，中了好多錢。」

她還是一句，「隨他去，不管他，一切隨風！」

經過多次的「隨他去，不管他，一切隨風」，她終於衝破了一道又一道的難關。

有一天，她無意中看到她童年時和老祖母的一張合照，泛黃的相片中那個天真可愛的小女孩就是自己，她想：再過幾十年，自己不也和老祖母一樣要埋骨黃泉嗎？這一念之間，她又衝破了最後一道關卡——生死的關卡。對她來說，生死已經不再是那麼可怕的事，透過了無常的生死，她悟到了不生不滅的安樂。

她的這一悟，比起世間一切的虛妄所有，價值都要高得多。

「隨他去，不管他，一切隨風！」世間執著於「我」的人，有幾個能達到這種境界？如果我們做不到一切隨風，也應知道讓往事隨風，不去計較、不去追究，讓過去的就過去吧！生活本身並不允許每個人身上背負太多古老的故事，人們也大可不必動輒翻出一些泛白的往事，自我緬懷一番。那些或喜或憂的往事，真的沒有必要再提、再想了，因為這些與當下無關，卻會讓當下難過活。

過去是虛妄的，記住過去的痛苦只會加深我們此時此刻的痛苦，而過去的幸福又會遮掩我們感受現實的心情。

一個女孩曾經有過一段難忘的初戀，當初他們都以為今生可以相伴到老，但是有一天他們卻分手了，所有的一切都在眼淚與心痛中模糊。

女孩失去了男孩，卻精心保留著當年的日記，因為那裡面記下了她熾熱憂傷的初戀。後來，女孩結婚了，日記仍然保存著，但很少去翻它了。一天，在整理臥室的時候，她翻開了那本沉睡已久的日記，後來有事出去忘記收，丈夫回來後，無意中發現了這本日記，將它打開來看，原本平靜幸福的生活掀起了軒然大波。女孩覺得丈夫小題大做，那只是過去的一段情，只是她自己一直都沒有忘記。後來她一氣之下把日記燒了，但卻無法原諒丈夫的小氣。

一天，在百貨公司裡閒逛時，女孩無意中碰到了她的初戀情人，他正和妻子手挽著手，說說笑笑地從她身旁經過，卻沒有看到她。

頓時，她愣住了，她原本以為那場刻骨銘心的初戀，會永遠烙在彼此的心上，更以為這是他們之間不可說破的默契。直到這一刻，她才明白當一切隨風而去時，每個人都會有自己新的生活，誰也不會為誰去痛苦一輩子，而當下的生活也許才是最適合自己的，也是最重要的。

想到這兒，她整個人變得好輕鬆，快樂地回家去了。

轉個念不吃虧

記住該記住的，忘記該忘記的，改變能改變的，接受不能改變的。因為有些事情我們無法控制，只能控制自己。正如你出生的時候，你哭著，周圍的人笑著；你逝去的時候，你笑著，而周圍的人哭著！所以，請珍惜時間，感受生活，讓往事隨風，快樂當下！

忘記也是一種幸福

他和她是同學，也是一對恩愛戀人，是讓同學們很羨慕的一對。他們很相愛，那時候他很窮，手上沒多少錢。她最愛吃蘋果，他就跑到市場上給她買被蟲咬過的蘋果，被蟲咬的蘋果相對來說比較便宜。蘋果上可以看到蟲了咬過的小窟窿，其實他也想買好的，但好的太貴了。

當他把被蟲咬過的蘋果送她的時候，她起初很生氣，認為他太小氣了，買這麼糟的蘋果，讓她在同學面前沒有面子。他笑著說：「帶蟲眼的蘋果其實更好，說明沒農藥。」說著，就拿水果刀把那些蟲眼全部仔細地挖掉，然後開始削蘋果皮，削得很認真。她看得愣住了，因為他竟然能把蘋果皮削得那麼長，薄得像紙片，一直削到最後都沒斷開。當他把一顆削好的蘋果給她時，根本就看不出來蘋果被蟲咬過，蘋果像脫了一層外衣一樣。

後來，她漸漸地迷戀上了讓他削蘋果，因為她喜歡看他削蘋果的樣子，像是在製作一件藝術品。一次學校的藝文活動，他給同學們表演了削蘋果，當他把一條薄薄長長的蘋果皮拉開的時候，全場同學們都驚呆了。同學向他提出疑問，為什麼能把蘋果削得這麼好？他簡單地回答，「用心和愛去削。」全場的同學立即爆出熱烈的掌聲。

後來，他們順利畢業了。兩個人為了留在這座美麗的城市裡，拼命地找工作，很快都找到了合適的工作。那時候他在為事業拼搏，整日勞累繁忙，陪她的時間自然就少了，只有晚上才有機會聚在租來的小屋裡。晚上，他總是一頭就躺在了床上，很疲憊的樣子。她讓他削個蘋果，他苦笑著說：「我明天還要上班呢！睡吧！」她感覺他不怎麼愛她了，就常常回憶起大學的時光，回憶起他給她削蘋果的情景，心中有了一種空蕩蕩的感覺。

他很快在公司裡發展起來，每天都有很多的業務，日子過得忙忙碌碌。有時他也出差，去很遠的城市，一連四、五天都不回來。他不在的日子，她忽然有點寂寞和失落。

這個時候，她的上司走近了她。上司是一個成熟穩健的成功男士，他的魅力深深吸引住了她。上司常常給她買很多的蘋果，都是非常好的那種，沒有蟲眼，皮很光滑，也不需要削。她感動了，終於在一次偶然的機會，她出軌了。事後，她感覺自己對不起他，懊悔不已，恨自己不該這麼衝動。

他出差回來，她把自己的不忠告訴了他。她想好了，他要是不肯原諒她，就和他好聚好散，因她不想再欺騙他的感情。他知道了這件事情，沉默了半晌，說：「我給妳削個蘋果吧！」他拿了一個滿是蟲眼的蘋果開始削，先是仔細地把蟲眼一個個挖去，然後開始削皮。

她看著他削蘋果，想到了初戀，想到了校園，想到了和他在一起的美好日子。讓她想不到的是，他給蘋果削皮依然是那麼熟練、那麼專注，當他把一個削好的蘋果遞給她時，說：「我們不能因為蘋果有了一個小小的蟲眼，就把它扔掉，那樣的話，太可惜了！一個果實畢竟經歷了開花、授粉，才有了這個果實，不容易！我們削掉了蟲眼，依然可以吃。」

她流淚了，她知道，這個帶蟲眼的蘋果就是他們的愛情。

轉個念不吃虧

在人生的旅途中，如果把成敗得失、功名利祿、恩恩怨怨、是是非非等都牢記心中，讓那些傷心事、煩惱事、無聊事永遠縈繞於心中，在心中烙下永不褪色的印記，那就等於背上了沉重的包袱、無形的枷鎖，會活得很苦很累，以致心力交瘁，生命之舟就會在茫茫的大海中迷失航向，甚至有傾覆的危險。

人生短短幾十年，何苦撐得那麼疲累，何不學會忘記？忘記，也是一種幸福。它對痛苦是解脫，對疲憊是寬慰，對自我是一種昇華。

放手後的美麗

一個男人和一個女人，都是知識分子，經別人介紹，他們結了婚，婚後生了三個孩子。但夫妻倆一直在吵架，一直在打鬧，鬧了很多次離婚，也分居了很多次。後來，一個孩子說：「如果你們再鬧，我就自殺。」他們不再鬧了，那時，他們三十出頭。

於是他們有了一個約定：等到六十歲時，孩子們長大了，他們也該退休了，一定要找到自己的愛情和生活。

這是兩個人的祕密，沒有和任何人提起過。

男人喜歡沉穩安靜的女人，陪他在一起聽戲、聊天，他不喜歡張揚的女人。女人喜歡熱鬧，覺得像男人那樣活一輩子，太委屈自己。

六十歲這年，他們都已退休，接著辦好離婚手續。此時，兒女們全在國外。好多人笑話他們，「都六十歲的人了，離什麼婚呀，這不是有病嗎？」

他們平靜地分手，所有的財產一分為二。男人搬到鄉下，他早就有一個夢想：在有山有水的地方，蓋兩間小屋，種點小草、小花，喝點小酒，聽點音樂，過一過門前種花、屋後種樹的生活。再有一個溫柔的女人，那就更好，他的要求不多。

女人不願意住在郊區，她搬到城市最熱鬧的地方，離超市五分鐘，方便；離廣場三分鐘，方便；離街心公園十分鐘，方便，而且到處是人，多熱鬧。

一年後，他們找到各自的老伴。

男人找的老伴，是村裡的一個老太太，不好看，沒念過什麼書，老頭兒在前兩年死了，她一個人過，也愛種種花、養養貓啊狗的。一來二去，兩個人結婚了，一起種菜，聽聽音樂。老太太話不多，特別溫柔，男人說什麼就是什麼。兩個人一起散步，女人跟在後面，他說什麼，她就回「嗯」。男人想，這一輩子，自己就想要這麼一個女人，多好呀！

女人也結婚了，找了一個早晨在公園跳舞認識的男人。他是老留學生，作風洋派。她一看這個男人就覺得有意思，活得多自在、熱鬧啊！熱鬧就是生活啊！他也單身，一個人生活多年，就喜歡熱鬧，在下午湊個場子，四五個人，再打打麻將，多麼美妙的生活啊！

他和她都覺得幸福無比。

有人說，看那個男人多沒品味，怎麼找了一個鄉下老太太？男人不解釋。雖然這個鄉下老太太不漂亮、沒風情，可是，她是他心靈的港灣，明白他、懂得他，在世上，還有比懂得更重要的事情嗎？

後來，男人和女人像朋友一樣走動起來。
女人說：「多虧我們離婚了，現在我們多好，否則，就是對方的監獄。」
男人說：「離了婚我才知道，原來，我想過這樣的一種生活。」
這是另一種愛情。他們懂得，放手才是愛對方，才是讓對方幸福的唯一出路。愛一個人，給他自由，這比什麼都重要。

轉個念不吃虧

人的感情也是有底線的，與其苦苦等待不可能有的結果，還不如放棄呢！放棄也是一種愛！這是愛一個人的最高境界。
「因為愛他，所以離開他。」很感人的一句話，當你能夠用釋然的心態，去回憶你們曾經的點點滴滴時，你就可以體會到放手後的美麗。

生活也要斷．捨．離

哈佛大學的校長去北京大學參觀訪問時，曾講了一段自己的親身經歷：有一年他向學校請了三個月的假，然後告訴自己的家人，「不要問我去什麼地方，我每星期都會給家裡打個電話，報個平安。」

然後這位校長就去了美國南部的農村，到農場幹活，去飯店洗盤子。在農場做工時，背著老闆吸支菸，或和自己的工友偷偷地說幾句話，他都感到很高興。

最後他在一家餐廳，找了一個洗盤子的工作，只工作了四小時，老闆就與他結了帳，對他說：「老頭，你洗盤子太慢了，你被解僱了。」

這位校長回到哈佛大學後，回到了自己熟悉的工作環境，感到換了另外一個天地——原來在這個位置上是一種象徵、是一種榮譽，而這三個月的生活，讓他改變了自己對人生的看法，讓自己清了一次空。

定期地為自己清空，生活也要斷．捨．離，這樣才會更上一層樓。

你一定有過年前大掃除的經驗吧！當你一箱又一箱地打包時，是不是驚訝自己在過去短短幾年內，竟然累積了那麼多的東西？你是不是懊悔自己為何事前不花些時間整理、淘汰一些不需要的東西，否則，今天就不會累得你連腰都直不起來？

大掃除的懊惱經驗，讓很多人懂得一個道理：人一定要隨時清掃，及時淘汰不必要的東西，這樣它們日後才不會變成沉重的負擔。

人生又何嘗不是如此！在人生路上，每個人不都是在不斷地積累東西嗎？這些東西包括你的名譽、地位、財富、親情、人際、健康、知識等，當然也包括了煩惱、憂愁、挫折、沮喪、壓力等。這些東西，有的早該丟棄而未丟棄，有的則是早應儲存而未儲存。

問自己一個問題：我是不是每天忙忙碌碌，把自己弄得疲累不堪，以至於總是沒能好好靜下來，替自己做「斷．捨．離」？

心靈掃除的意義，就好像是生意人的「盤點庫存」。你總要瞭解倉庫裡還有什麼，某些貨物如果不能限期銷售出去，最後很可能會因積壓過多而拖垮你的生意。

不過，有時候某些因素也會阻礙我們放手進行掃除，譬如：太忙、太累，或者擔心掃完之後，必須面對一個未知的開始，而你又無法確定哪些是你想要的，萬一現在丟掉的，將來又撿不回來，怎麼辦？

房間裡雜七雜八的東西多了，會使人感到壓抑、不舒暢，這時就需要我們對房間進行打掃和清理，而人的心靈更需要定期打掃和清理。

心靈的定期「斷・捨・離」，有時候比儲存更重要。像親朋好友之間偶有不快，鄰里之間偶生摩擦……這些雞毛蒜皮的小事把心房塞得滿滿的，耿耿於懷，總放不下，這樣的人怎麼能過得輕鬆快樂呢？

生活的競技場上，我們每個人都是選手，比賽的結果千差萬別。撇開環境、機遇等因素，其根源就是精力分配不同。人的精力是一個常數，有所不為才能有所為，不會清空也就不會記住。生活需要記憶，記住經驗、記住關懷、記住友情、記住愛情……但生活也需要清空，整理人生的坎坷，掃除生活的煩惱。將成功的輝煌歸零，永遠保持前進的姿態；將個人的恩怨清除，永遠保持一顆平和與善良的心。

生活需要過濾，只有濾掉雜質，才能留下精華。不會清空，不懂得給心靈減少負荷，那麼心靈重負同樣會把人拖垮。

隨手關上身後的門，這是前英國首相勞合・喬治一個令人不解的習慣，即便到朋友家做客也是如此。他的理由是：關上身後的門，就是與過去告別，不管是輝煌的成就還是令人懊惱的失敗，都拋諸腦後，然後一切重新開始。

這是何等的睿智與豁達！一路走過，我們風塵僕僕，滿身疲倦，或是回味著曾經簇擁的鮮花，緊隨的聚光燈，在一片讚歌中肆意揮灑自己的光芒；或是哀嘆當前的失意落魄，在淒風苦雨中自怨自艾，一蹶不振。

不如關上身後的門，卸下那一份榮耀，那一份屈辱，給自己清空，徹底地「斷．捨．離」，然後再踏上新的道路，一身輕快，不懼風雨，從容面對。

轉個念不吃虧

生活也要斷．捨．離。因為，過去的已經過去，未來的還需努力，清空自己才能卸下「榮譽」、「成功」、「失敗」的包袱，更好地向新的目標前進。

我們只有讓自己處在一種「清空」的狀態，處在一種沒有負擔的狀態，才能像一個空杯子一樣，給杯子裡裝進智慧，裝進創造力。

不能選擇命運，至少可以選擇自己的心情

一個人如果能做到不管際遇如何，都能保持快樂的心境，那真比擁有百萬家產更有福氣！俗話說：「人生不如意事，十常八九。」在現實生活中，不順心的事情有很多。生活不可能完全一帆風順，人生際遇不是個人力量所能左右的，它常常詭譎多變。不如意的環境中，唯一能使我們快樂的辦法，就是隨遇而安，知足常樂。

因為我們不能選擇命運，至少可以選擇自己的心情。

有個人坐車回家，車到中途忽然拋錨。那時正是夏天，午後的天氣非常悶熱。車無法繼續前進，車上的乘客都很著急，只好站在烈日之下抱怨。這個人一看情形，知道急也沒用，車子沒修好誰也走不了，於是他詢問了司機，知道要三、四個小時才可能修好，就獨自步行到附近的海濱游泳去了。

海濱清靜涼爽，風景宜人，在海水中暢游之後，暑氣全消。等他游泳盡興回來時，車子已經修好待發，趁著黃昏晚風，直駛家鄉。之後，他逢人便說：「那真是一次愉快的旅行！」雖然回去晚了一點，卻讓他有時間去游泳，他的心情也很愉快。

環境常有不如人意的時候，問題在於個人如何面對。知道人力不能改變的時候，不如面對現實，隨遇而安。與其怨天尤人，徒增苦惱，還不如因勢利導，適應環境，在既有的條件中，盡自己的力量和智慧去發掘樂趣，知足常樂。

人生之路是很漫長的，在這個過程中會有很多種境遇。貧窮的時候，一定不能讓心也貧窮；富足的時候，也不要忘了生活來之不易。經歷苦難的時候，告訴自己苦難是人生難得的一筆財富；得到幸福的時候，要懂得給予別人幸福。春風得意不會是一生一世，落魄失意也不過是一時一刻。

樹，無論長在路邊，還是長在高山，都一樣挺立著；狗，無論待在院裡看家，還是躺在主人的懷抱中，都快樂地搖著尾巴；鷹，無論在西伯利亞寒冷的陸地，還是在紐西蘭溫暖的草原，都高傲地飛翔著。人有著超常的智慧，有著非凡的創造力，萬物之靈，難道還不如那些自由自在的動物嗎？

很久以前，有一個人在山中行走，突然看到一隻老虎，嚇得他沒命狂奔。老虎在身後緊緊追趕，他跑到一處峭壁前，已無路可走，好在峭壁上懸著一條青藤，他趕緊順藤往上爬。

不幸的是，他發現一隻老鼠正在不遠的上方啃咬青藤，眼看青藤即將斷裂，而下面的老虎也正虎視眈眈，他害怕極了，心急如焚。這時，他看到面前有一顆鮮紅的草莓，他毫不猶豫地將草莓放入口中，慢慢品味。事情既然已經到了這個地步，恐懼、哀怨、緊張、悲傷都是沒用的了，不如在最後的時刻，細細品味一顆草莓的美味。

我們不能選擇命運，至少可以選擇自己的心情。因為即使哭喪著臉，一樣要跨過路上的溝溝坎坎，一樣要經歷人生的風風雨雨，那麼為什麼不微笑著面對呢？

隨遇而安，知足常樂，生活的滋味會更美妙一些，快樂也會隨之而來，我們又何樂而不為呢？

轉個念不吃虧

遇上別人條件好、待遇優厚時不會眼紅；遇上飛揚跋扈者能進能退，會鬥爭也會保護自己；遇上愛占便宜的人，則謙讓他人。這樣的人眼光遠大，胸懷寬廣，能夠把世間的一切變化都看得很平常，很從容。

珍惜你擁有的

有的人經常後悔，而且經常經歷相似的後悔，他們的失誤往往不是新的失誤，而是屢次重複舊的失誤。他們的後悔僅僅停留在膚淺的情緒水準，沒能很好地剖析失誤的原因和吸取教訓。

小律是個對愛情很挑剔的人，二十多歲時，相貌還說得過去，而且有一份穩定的工作，追求她的男子也不少。然而，小律都無動於衷，因為她覺得沒有遇到自己喜歡的男人，或者說沒有那種來電的感覺。

女人的青春經不起拖延，幾年過去了，小律都快過了適婚年齡，父母因為女兒的婚姻而焦急，小律在心裡也開始「妥協」，覺得自己確實該嫁人了。

也就是在這個時候，大宇出現了。他比小律大三歲，曾經有過一段短暫的婚姻。大宇是個天生的樂觀派，脾氣好，談吐幽默風趣，跟他在一起會覺得很輕鬆、很開心。

小律對大宇有好感，但是那種感覺應該算不上愛。可是小律知道，大宇很愛她。她想：既然找不到自己特別愛的人，就找一個愛自己的吧！相處了一年後，他們結婚了。那年，小律三十一歲。

大宇是一個典型的居家男人。他很疼小律，捨不得讓她做飯，怕她的手變得粗糙。衣服也是他洗得多。吃飯的時候，他經常忍不住餵給她吃。他很紳士，一起出門，一定會讓她走在馬路內側。下雨時，如果只有一把傘，必定全撐在她這一側，回到家，他半個身子都濕透了，她卻沒有淋到一滴雨……

在大宇的照顧下，幾年過去了，小律的手一直都是白白嫩嫩的，也沒有變成黃臉婆，朋友說，小律看起來一直那麼年輕。朋友都羨慕小律，有這樣一位溫柔體貼的丈夫。

可是，生活總是不完美的。他們沒有房子，結婚後，一直住在租來的小套房裡。小律和大宇都是普通的公司職員，兩個人的月薪合起來也不足六萬元，因為經濟原因，他們買不起房子，也不敢生孩子。

一直住在租來的房子裡，小律心裡總是不踏實。「要是有自己的房子多好啊！」小律常常這樣想。「慢慢來嘛！住在租來的房子裡也很好啊！」大宇卻從來不為這樣的事操心。他按部就班地上班，按部就班地過日子，每天樂呵呵的，似乎什麼煩心事兒都沒有。小律厭倦了大宇的「不上進」，一個男人，怎麼能這樣沒有事業心呢？

四年過去了，他們的生活似乎止步不前。大宇一如既往地對小律好，可是，他越是對她好，她越是不領情，越是看他不順眼。「沒見過你這樣不上進的男人，你不覺得窩囊嗎？」有時候，小律推開大宇端上來的熱飯，對著他吼。把他說急了，他也會跟她吵，他們平靜的生活中逐漸充滿了火藥味……

心情不好的時候，小律跟朋友出去喝茶聊天。一次偶然的機會，小律遇到了剛從國外回來的阿斌，在阿斌的身上，小律看到了一個男人的成熟穩重。漸漸地，感情的天秤開始傾斜……

跟阿斌交往不到一年，小律就離婚又結婚了。

其實，阿斌也沒有房子，他甚至連一份穩定的工作都沒有。他們結婚後，照樣住在租來的房子裡。談戀愛時，彼此總是把最好的一面展示給對方，小律知道阿斌抽菸，可是沒有料到他的菸癮那麼重。自從結婚後，只要阿斌在家，房間裡總是烏煙瘴氣，充滿菸味；他喜歡喝酒，有時候會喝到很晚才回來；他很邋遢，髒衣服、臭襪子到處亂扔；最讓人忍受不了的是，他喜歡上網玩遊戲，晚上回來就坐在電腦前，屁股不抬地玩到凌晨；他脾氣很暴躁，稍微說多了，就會暴跳如雷。

阿斌曾經在一家貿易公司做中階主管，後來公司破產倒閉了，阿斌也沒了工作。他看不起平凡的職位，看不起平常的工作，總是口口聲聲說要做大生意，這樣的心態導致他多年來一直無法踏實地工作。

嫁給阿斌後，所有的家務都是小律做，沒有人會擔心她的手會變粗糙，也沒有人會像對待公主一樣小心呵護她。小律常想，是不是命運在故意捉弄她，她嫌棄前夫不求上進，可是，現在又嫁給一個好高騖遠的男人。

多少個夜晚，當阿斌撇下小律獨自「戰鬥」在網路遊戲的時候，小律都會輾轉難眠，她想念大宇，可是他已經有了新的女友，她再也回不去了……

轉個念不吃虧

往者已矣，來者亦不復可追。珍惜你擁有的，不要等失去了才去做無謂的慨嘆，讓自己空留遺憾在人間。

放棄，是為了活得更好

現在絕大部分的人都喊累，為什麼累？負擔太重。很多人將財富、地位、名譽與人生牢牢地捆綁在一起，把是否擁有這些看成是衡量人生是否成功的標準。

現代人的欲望日益膨脹，永無休止地往自己的人生行囊中塞進各種各樣的事物，食有魚，出有車，尚思別墅和發財。於是有的人精神疾患越來越嚴重，更有一些人的人生戲劇最終完全變味，上演一幕幕鬧劇和醜劇。

中國的圍棋驍將劉小光曾經說過：「我覺得下棋，經常不是增加點東西，而是減少點東西。」正是他的減法，使他的狀態一直頗佳。人生的道理大體也是這樣，在人生的奮鬥歷程中，只有學會放棄一些東西，才能有所進步。

印度詩人泰戈爾說：「鳥的翅膀一旦繫上了黃金，就永遠也不能飛騰起來。」

放棄，是為了活得更好。學會人生的「減法」，已成為我們現代人的當務之急！

有一個人覺得生活很沉重，便去見哲人，尋求解脫之法。哲人給他一個簍子背在背上，指著一條沙礫路說：「你每走一步就撿一塊石頭放進去！」

那人照哲人的話做了，哲人便到路的另一端等他。

再見面時哲人問：「有什麼感覺？」

那人說：「越來越覺得沉重。」

哲人說：「這也就是為什麼你感覺生活越來越累的原因，我們來到這個世界上時，每個人都背著一個空簍子，我們每走一步都要從世界上撿一樣東西放進去，而不知剔除那些無用的東西，就難免會越走越累，甚至有的還會被累死、拖垮。」

很多時候，我們需要給自己的生命留下一點空間，就像兩車之間的安全距離——一點緩衝的餘地，可以隨時調整自己。生活的空間，需靠收拾清理而留出；心靈的空間，則經思考開悟而擴展。

一個人的快樂，不是因為他擁有的多，而是因為他計較的少。多是負擔，是另一種失去；少非不足，是另一種有餘；捨棄也不一定是失去，而是另一種更寬闊的擁有。

美好的生活應該是時時擁有一顆輕鬆自在的心，不管外界如何變化，自己都能有一片清靜的天地。放棄，是為了活得更好。放下掛礙，開闊心胸，心裡自然清靜無憂。

轉個念不吃虧

找點時間，找點空間，在忙碌的塵世為自己覓得一份從容和閒適。給心靈放個假，讓紛飛的欲望重新凝聚成一泉單純的清泉；給大腦放個假，讓詩意的棲息再次催生出一片思想的蘆葦；給自己放個假，還身心一個活潑似水的靈動空間。

生命中最重要的是現在

人們往往喜歡不停地追尋著某種不切實際的東西，而忽略了周圍的一切。其實最真的生活、最大的幸福，常常就在我們的身邊，而大多數的人都不自知。

一個二十歲出頭的年輕人急匆匆地走在路上，對路邊的景色與過往行人全然不顧。

一個人攔住了他，問：「年輕人，你為何行色匆匆？」

年輕人頭也不回，飛快地向前跑著，只淡淡地說了一句，「別攔我，我在尋求幸福。」

轉眼二十年過去了，年輕人已變成了中年人，他依然在路上疾馳。

又一個人攔住他，「喂，老弟，你在忙什麼呀？」

「別攔我，我在尋求幸福。」

又是二十年過去了，這個中年人已成了一個面色憔悴、老眼昏花的老頭，還在路上掙扎著向前挪。

一個人攔住他，「老頭子，還在尋找你的幸福嗎？」

「是啊！」他焦急而無奈地答道。

當老頭回答完這個人的問話後，猛地一驚醒，一行熱淚掉了下來。原來問他問題的那個人，就是幸福之神啊！他尋找了一輩子，但幸福之神原來就在他旁邊。

很多時候，我們不知道什麼是幸福，什麼是生活，總以為別處才是自己的歸宿，總盼望著別處不同的生活，總以為那未知的生活一定是最好的，所以不停地追尋，直到有一天猛然發現生活原來就在這裡，就在此時。享受生活中的甜、酸、苦、樂，才是生命的真諦。

從前有個年輕英俊的國王，一直被兩個問題困擾著：第一，我一生中最重要的時光是什麼時候？第二，我一生中最重要的人是誰？

他向全世界的哲學家宣布，凡是能圓滿地回答出這兩個問題的人，將分享他的財富。哲學家們從世界各地趕來了，但他們的答案卻沒有一個能讓國王滿意。

這時有人告訴國王，在很遠的山裡住著一位非常有智慧的老人。國王馬上喬裝打扮一番，出發去找那位智慧老人。

他來到智慧老人住的小屋前，發現老人盤腿坐在地上，正在挖著什麼。「聽說您是位智者，能回答所有問題。」國王說，「您能告訴我誰是我生命中最重要的人嗎？何時是最重要的時刻？」

「幫我挖點馬鈴薯。」老人說，「把它們拿到河邊洗乾淨。我燒些水，你可以和我一起喝一點湯。」

國王以為這是對他的考驗，就照他說的做了。他和老人一起待了幾天，希望他的問題能得到解答，但老人卻沒有回答。

最後，國王對這個老人很生氣，他拿出國王印璽，表明了自己的身分，宣布老人是個騙子。

老人說：「我們第一天相遇時，我就回答了你的問題，但你卻沒明白我的答案。」

「是嗎？那你的答案是什麼呢？」國王問。

「你來的時候我向你表示歡迎，讓你住在我家裡。」老人接著說，「要知道過去的已經過去，將來的還未來臨，你生命中最重要的時刻就是現在，你生命中最重要的人就是現在陪在你身邊的人，因為正是他和你分享並體驗著生活啊！」

生活不在別處，我們應該珍惜現在，活在當下。

你應該珍惜現在所擁有的愛情，不要輕易放棄。一個人一生中能找到一份真正屬於自己的愛情不容易，為什麼不好好珍惜呢？難道真的非得等到失去了才後悔嗎？

人生的每一秒都可能發生意外的事，不懂得珍惜現在，下一秒鐘就可能後悔莫及。世界上最珍貴的東西是現在擁有的。我們擁有健康的身體，擁有蔚藍的天空，擁有清新的空氣，擁有愛我們的人和我們愛的人，這些難道不值得我們去珍惜嗎？

人生沒有再回首，時光倒流只是美好的想像。而未來如果沒有今天的努力拼搏，也是不會實現自己的理想的。朋友，生命中最重要的是現在，請珍惜你現在擁有的，這是你最寶貴的一筆財富，請好好利用它吧！

轉個念不吃虧

生命中最重要的是現在！明白了這個道理，你會發現原來苦苦追尋的快樂與幸福，一直都圍繞在我們的身邊。珍惜現在所擁有的生活，無論是清閒的還是忙碌的，是孤獨的還是熱鬧的，只要用心，就能領悟生活的本意，享受生活的饋贈！

捨本逐末，吃虧的究竟是誰？

獅王因為母獅子病故，好幾天不吃不喝，牠看著母獅子的屍體心如刀絞。剛認識母獅子時，獅王只是一隻瘦弱的獅子，然而母獅子非常愛牠，頂著嫁給牠就要被逐出獅群的危險和牠結婚了。婚後，看著母獅子和牠過著顛沛流離的生活，牠心裡暗暗發誓：一定要出人頭地，讓母獅子過上幸福的生活。於是牠努力奮鬥，過關斬將，直到成為一代獅王。

如今，母獅子沒有和牠過上幾天好日子就去了，獅王忍不住涕淚縱橫，其臣民對牠說：「獅王啊！獅后既然去了，就讓牠入土為安吧！」於是，獅王為母獅子舉行了隆重的葬禮，精心建了一座華麗的墳墓。

從此，獅王沒事時總要到母獅子的墳墓旁走走。有一天，牠發現母獅子的墳墓孤零零的，一點都不好看。於是就在母獅子的墳墓旁種下了許多鮮花。沒過多久，獅王又覺得母獅子的墳墓旁還少了什麼，於是又種下不少樹木。

多年過去了，樹木已經長得鬱鬱蔥蔥，花兒也開得嬌豔欲滴。獅王深深地陶醉在這美景裡。忽然，牠覺得此景色裡似乎有種遺憾，牠想啊想，終於發現是母獅子的墳墓破壞了眼前的美好。於是，牠下令把母獅子的墳墓挪出這美麗的地方。這樣一來，獅王總算感到完美了。可是，牠卻忘記了當初美化這個地方的初衷，如今不過是捨本逐末。

其實我們也常犯這樣的錯誤。我們組建家庭是為了能與所愛的人在一起，在外打拼是為了讓所愛之人過得更幸福，但許多人在家庭的環境越來越好時，感情卻越來越淡，最終分道揚鑣。

一天，釋尊禪師在寂靜的森林裡坐禪，突然遠方傳來嘈雜的聲音，聲音越來越近，在寂靜的樹林裡聽得十分清楚，原來是一對青年男女在吵架。

過了一會兒，一位女子慌忙地從樹林裡跑了出來，她跑得太專注了，從釋尊禪師的面前經過，竟然沒有發現有一個人在。之後，又有一名男子跑了過來，他來到釋尊禪師的面前，非常生氣地問：「老和尚，你有沒有看到有個女人經過這裡？」

釋尊禪師不答反問：「有什麼事嗎？你為什麼這麼生氣？」

陽光透過樹葉，照在這名男子的臉上形成了明暗不定的陰影。他凶狠地說：「這個該死的女人偷了我的錢，我是不會放過她的！」說著又往樹林深處追去。

快到中午的時候，這名男子氣憤憤地回來了，又經過釋尊禪師的面前。禪師問他：「你找到那名女子了嗎？」

男子更生氣地說：「這個臭娘們，逃得還真快！一會兒就不知去向了。」

釋尊禪師又問道：「找逃走的女子與找你自己，哪一個更重要呢？千萬不可因小失大呀！」

聽了釋尊禪師的話，這名男子好像被觸動了神經，突然愣住了。

禪師又問：「找逃走的女子與找你自己，哪一個更重要？」

剎那間，這名男子似乎感悟到什麼了。

陷入物欲的追逐而迷失了自己，就是典型的因小失大，因表面的浮華失去了自我的根本，實在得不償失。

轉個念不吃虧

切莫捨本逐末、因小失大，要抓住人生的關鍵點，當名利成為你人生唯一的重點，你的生命就已經失去了重心！

「吃小虧占大便宜」初聽起來似乎有些不好，可如果人與人之間互相謙讓，都捨得吃點小虧，維持了友善的關係，又何樂而不為呢？在工作中，也應該學會吃點虧。

輸什麼也不能輸了心情

兒童是快樂的，因為他不會斤斤計較，也沒有過多的心事，也沒有不必要的憂慮。而成人則不同，我們的生命中，有太多的積壓物和太多想像出來的複雜，以及一些擴大了的悲痛。

用電腦的人都知道，資源回收筒是需要經常清空的，否則會占用過多的空間，影響電腦的運轉速度。人的頭腦也是，你不能什麼都扔掉，你也不能什麼都留著。聰明的人是善於取捨的人，是適時取捨的人。

影響進退的一個因素是貪念，另一個因素是過分執著。對於人生利益，任何一個人都不可過分執著。所謂不過分執著，就是不偏執於某一個方面、某一種欲望、某一種企圖、某一種目的、某一種過程。任何偏執都可能使人失去中肯的判斷，從而錯過了美景，貽誤了人生。

使人微笑的事物往往不在身邊，而令你煩躁、不安的事物卻往往揮之不去。不能與自己喜歡的人和事在一起，是許多人不快樂的根本原因，因為你沒有快樂的來源。

有位自由撰稿人曾一度很惆悵，他喜歡的女孩不在乎他，他精心寫的稿子被改來改去，他的身體也出了問題，感冒還不時地光顧他，生活一塌糊塗。

這時他的好朋友對他說：「輸什麼也不能輸了心情，有些事情放手吧！」於是，他決定改變。他不再找那個女孩，那篇稿子他立即投往別處，他也告別了一度懶散而無規律的生活，每天開始打球和跑步。結果，他的身體變得好起來，他的那篇稿子很快被發表，而且還得了獎，他不再「在乎」了的那個女孩開始在乎起他來。

一個人或一件事會令你不舒服一定有著什麼原因的，有的原因要過很久才有可能知道，而有些原因你永遠都不會知道，但這些都不重要，重要的是它使你不舒服，它會影響你的心情，影響到你的判斷，也影響到你的時間。何不調節一下，給別人一個重新認識你的機會，給自己一個認識更廣闊世界的機會，有什麼不好？

哈佛大學商學院曾做過一個有趣的心理調查。調查人員給調查的對象打了個電話，問道：「你現在在做什麼？」「上班。」「上班感覺怎樣？」「沒勁，枯燥乏味。」「那你希望做點什麼？」「再等兩個小時下班就好了，我可以和同事一起去酒吧。」

兩個小時後，調查人員又打了他的電話。「你現在在做什麼？」「和同事在酒吧。」「感覺該好些了吧？」「還是沒勁，都是些無聊的話題，我正打算去找女朋友。」

過了一小時，調查人員再次撥通了他的電話。「和女朋友在一起快樂嗎？」「別提了，煩死啦！說話時，有個女同事打來電話，詢問工作上的事情，女朋友硬是要我交代是不是有外遇了。你說哪能不煩？算了，我還是回家休息。」

到了晚上，調查人員的電話剛撥通，這個被調查者就先開口了，「別問了，很沒勁，雜誌翻完了，影片看完了，有點寂寞。」「那你想怎樣？」「還是上班好，明天工作努力點，好讓薪水多增加點。」

現代上班族的工作和生活的壓力都很大，有人遇到不痛快的事，不善於排解，時間長了，難免會造成心理障礙。給情緒裝個「安全閥」，及時「減壓」，就會減少患心理疾病的可能。下面就是幾個上班族調節情緒的方式，也許會給你一些啟發：

阿香是一家高科技企業的職員，工作性質決定了她經常要出差。別人出差總有閒暇時間去周圍的名勝古跡觀光散散心，阿香卻是晚上美國的工作剛忙完，第二天早晨就飛赴日本，接著工作。常常一個月中有一半時間在國外，時間一長，她感到非常煩躁，但回來後，生活節奏一慢，又覺得挺失落，於是想藉著運動宣洩一下。

阿香喜歡打保齡球，每當她覺得自己又開始煩躁時，就會邀上三兩個同伴去打保齡球。她說：「打保齡球是讓人心情愉快的運動，每當我屏住氣，集中精力打出一個球時，每當得到滿分，球友紛紛為我鼓掌時，我會覺得愉快多了。」原本阿香打球不為爭高分，只為排遣心中的煩惱，但無心插柳，現在居然成了公司裡的保齡球高手。阿香通過自己喜愛的運動來排解內心的煩躁，既及時調節了自己的情緒，又獲得了生活的樂趣，真是一舉兩得！

陳先生是一位事業有成的中年人，他說：「人都有情緒低落的時候，關鍵是要善於排解，別在心中留下陰影。」他的排解方式是到酒吧坐坐，小飲幾杯。

他的工廠為外商做的襯衫因做工問題百分之八十遭退貨，而發貨期迫在眉睫。「我做了這麼多年加工，從未出現過這麼大的紕漏。為了趕合約期，大家只得晝夜不停地工作，一連三天，終於趕完了。」

工作暫時沒那麼忙了，陳先生這心一時還放鬆不了，於是下班後他把車放在公司，坐計程車去附近的酒吧。「年輕人都愛去有樂隊演奏的酒吧，圖的是熱鬧，我是為放鬆一下神經，專找安安靜靜的酒吧。」

每次去酒吧，頗有酒量的陳先生都要叫一瓶紅酒加冰塊，「別的酒喝上幾杯會躁，紅酒的感覺是不慍不火。」紅酒加冰塊，一杯杯細品，耳邊是薩克斯風演奏的音樂，輕柔、舒緩，帶著點憂傷。一瓶紅酒喝完，時間已過半夜，帶著點微醉的感覺，坐計程車回家，此時他的心情很平靜。看來，小飲有時也能排憂，只要能恰當排解內心的鬱悶，也是一種調節情緒的良好方式。

在《亂世佳人》中，我們常常會看到郝思嘉的一個典型習慣，每當她遇到什麼煩惱或者無法解決的問題時，她就對自己說：「我現在不要想它，明天再想好了，明天就是另外一天了。」

實際上，「明天再想」，就是一種給心靈鬆綁的方法。如果你對一個問題掙扎了一整天，仍然沒有顯著的進展，那就最好不要去想它，暫時不做任何決定，讓這問題在睡眠中自然地解決。遇事難以排解時，不妨蒙頭大睡，一覺醒來，心情愉快，一切就迎刃而解了。

總之，情緒低落時，心情鬱悶時，內心壓力大時，找一種適合自己的調節方法，如訪友、旅遊、跳舞、品嚐美食、運動等，及時調整自己的心態，使自己的情緒始終處於安全之中，使自己的心境始終處於快樂之中。

轉個念不吃虧

當一切都可以看開時，往往也是沒有什麼可以失去的時候。時間把往事都沖淡了，只留下了美好的記憶，青春的記憶、成長的記憶、奮鬥的記憶，還有擦肩而過的燦爛笑容和寂寞黑夜裡的溫暖燭光。

先做觸手可及的小事

有一位名叫西維亞的美國女孩，她的父親是波士頓有名的整型外科醫生，母親在一家聲譽很好的大學擔任教授，她的家庭對她有很大的幫助和支持，她完全有機會實現自己的理想。

從念中學起，她就一直夢想當電視節目的主持人。她覺得自己具有這方面的才能，因為每當她和別人相處時，即使是陌生人也願意親近她並和她長談。她知道怎樣從人家嘴裡「掏出心裡話」。她的朋友稱她是他們的「親密的隨身精神醫生」。她自己常說：「只要有人願意給我一次上電視的機會，我相信自己一定能成功。」

但是，她為了達到這個理想做了些什麼呢？其實什麼也沒有！她在等待奇跡出現，希望一下子就當上電視節目的主持人。

西維亞不切實際地期待著，結果什麼奇蹟也沒有出現。誰也不會請一個毫無經驗的人去擔任電視節目的主持人，而且節目的主管也沒有興趣跑到外面去搜尋天才，都是別人去找他們的。

另一個名叫辛蒂的女孩卻實現了西維亞的理想，成了著名的電視節目主持人。辛蒂之所以會成功，就是因為她知道「天下沒有白吃的午餐」，一切成功都要靠自己努力去爭取。

她不像西維亞那樣有可靠的經濟來源，所以沒有傻傻地等待機會出現。她白天去打工，晚上在大學的舞臺藝術系學習。畢業之後，她開始謀職，跑遍了洛杉磯每一個廣播電臺和電視臺。但是，每個地方的經理對她的答覆都差不多：「不是已經有幾年經驗的人，我們不會僱用的。」

但是，她不願意退縮，也沒有等待機會，而是走出去尋找機會。她一連幾個月，仔細閱讀廣播電視方面的雜誌，最後終於看到一則招聘廣告：北達科他州有一家很小的電視臺招聘一名預報天氣的女孩子。

辛蒂是加州人，不喜歡北方。但是，有沒有陽光，是不是下雨都沒有關係，她希望找到一份和電視有關的職業，做什麼都行！她抓住這個工作機會，動身到北達科他州。辛蒂在那裡工作了兩年，之後在洛杉磯的電視臺找到了一個工作。又過了五年，她終於得到提升，成為她夢想已久的電視節目主持人。

為什麼西維亞失敗了，而辛蒂卻如願以償呢？因為西維亞在十年當中，一直停留在幻想上，坐等機會；而辛蒂則是採取行動，最後終於實現了理想。

幻想只會使任何輕鬆的事情變得困難重重，把握現在，立刻行動，任何困難都可化為輕鬆。一切成功都要靠自己努力去爭取，機會需要把握，也需要創造。

正如英國一位國教教主所說：「我年少時意氣風發，躊躇滿志，當時曾夢想要改變世界，但當我年事漸長，閱歷增多，我發覺自己無力改變世界。於是我縮小範圍，決定先改變我的國家，但這個目標還是太大，我發覺自己還是沒有這個能力。接著我步入了中年，無奈之餘，我將試圖改變的對象鎖定在最親密的家人身上，但上天還是不從人願，他們個個還是維持原樣。當我垂垂老矣，終於頓悟了一些事：我應該先改變自己，用以身作則的方式影響家人。若我能先當家人的榜樣，也許下一步就能改善我的國家，將來我甚至可以改變整個世界，誰知道呢？」

不管你的夢想多麼高遠，先做觸手可及的小事。你朝目標邁進的每一步，都會增加你的快樂、熱忱與自信。

轉個念不吃虧

不要老是沉湎於不切實際的幻想，只有先做觸手可及的小事，一步一腳印，你的美麗人生才有可能實現。

每天努力工作，你就會逐漸在心中激發出你相信每件事都會成功的信心。每天的進步能讓你去除恐懼，趕走懷疑。你會從積極的思考進展成積極的領悟，沒有一件事情可以阻擋得了你。

第4章 不計較不完美，缺憾也是一種美

人生不必追求圓滿，其實正因為失去，才令我們完整；正因為有缺陷，我們才覺得美。只要你體會到每個生命都有欠缺，欣賞自己的缺陷，也就不會再與人做無謂的比較，反而更能珍惜自己所擁有的一切。

欣賞自己的缺陷

沒有一個人的生命是完美無缺的，每個人多少都會少了一些東西。

有人才貌雙全、能幹多財，情感路上卻是坎坷難行；有人萬貫家財，卻是子孫不孝；有人看似好命，卻是一輩子腦袋空空。

人生不必太圓滿，有個缺口讓福氣流向別人是很美的一件事。

卡絲・黛莉頗有音樂天賦，卻長了一口暴牙。第一次上臺演出的時候，為了掩飾自己的缺陷，她一直想方設法把上唇向下撇著，好蓋住暴出的門牙，結果她的表情看起來十分好笑。

她表演完後一位觀眾對她說：「我看了妳的表演，知道妳想掩飾什麼。其實這又有什麼呢？暴牙並不可怕，儘管張開妳的嘴，只要妳自己不引以為恥，投入地表演，觀眾就會喜歡妳。」

卡絲・黛莉接受了這個人的建議，不再去想自己的牙齒。從那以後，她關心的只是聽眾，像一切都沒有發生那樣張大了嘴巴盡情歌唱，最後成為了一位非常優秀的歌手。

一口暴牙並沒有給她帶來任何不良影響，相反地還成了她形象的一大特色。人們接受甚至喜歡上了她的暴牙，就像喜歡她的歌聲一樣。從某種意義上說，外露的牙齒和她的歌聲一起，構成了一個完整的卡絲．黛莉。

「金無足赤，人無完人」。缺陷，在我們的生活中無處不在；完美，只是相對的。每個人都有自己不可回避的缺陷，只要我們坦然正確地對待，欣賞自己的缺陷，就會發現缺陷也同樣是一種美。

美國一位著名電視主持人右手只有四根手指。在他成名之前，他曾向許多地方求職，但都被拒之門外。當他終於得到機會做一次實驗性主持時，毅然摘掉了手套，把自己真實的形象展現在廣大觀眾的面前。結果，他真誠自信又熱情的風格贏得了觀眾的讚賞，其生理缺陷不但沒有成為成功的障礙，反而與他的魅力聯繫在一起，變成了他獨特優勢的一部分。

平常人們追求的都是完整與圓滿的美，而斷臂的維納斯卻向人們展示了另一種美，一種讓人浮想聯翩的美。如果維納斯擁有雙臂，人們只能欣賞它的完美，卻少了一絲遐想。

如同世上沒有十全十美的事物一樣，這樣那樣的缺陷無處不在地伴隨著我們的人生。逢年過節人們相互祝願的「萬事如意」，其實只是美好的祝願而已，「人生不如意事，十常八九」。在許多人看來，最不如意的大概就是伴隨終身的生理缺陷了，就像那位美國主持人的手，無可回避。

「鳥美在羽毛，人美在心靈」，有如培根所說：「許多容貌俊秀的人卻無所作為，他們過於追求外形的美，而放棄了內在的美。」這些話語都深含人生哲理，促人深思。同時也告訴我們不要一味地追求外形的美，更不要因自身的生理缺陷而自暴自棄或輕視自己。對生活失去了信心與希望的人，要時常以「金無足赤，人無完人」自勵。

轉個念不吃虧

人生不必追求圓滿，其實正因為失去，才令我們完整；正因為有缺陷，我們才覺得美。一個自認為完美的人，在某種意義上說，是一個可憐的人，他永遠無法體會有所追求、有所希望的感受，他永遠無法體會獲得夢寐以求的東西的喜悅。

只要你體會到每個生命都有欠缺，欣賞自己的缺陷，也就不會再與人做無謂的比較，反而更能珍惜自己所擁有的一切。

別拿「完美」折磨自己

完美主義者追求完美，他們一般會把全部的精力都投入到工作中去，認為自己做到百分之一百還不夠，一定要做到百分之一百零一。

波音民用飛機約占全球機隊總量的百分之七十五。波音民用航空服務部為保持飛機的最佳使用狀態，給使用者提供一流的全天候技術支援。同時制訂行業標準，為全球用戶提供一整套具有國際水準的工程、改裝、物流和資訊服務，服務項目包括經營客、貨運業務的航空公司以及飛機的維護、修理，並為全球提供最大、最全面的航空培訓服務。像這樣的工作，每一個環節都非常重要，每一個細節都要做到完美，哪怕一個小地方出了紕漏，都有可能釀成大禍。

但一般人在生活中，追求完美的結果都是以痛苦而終的，這是為什麼呢？因為追求完美的人，多數是已經在工作上取得了一定成果的人，但他們都不甘罷休，又開始向完美努力，結果事與願違。本來在已取得成績之後，他們應該是高興的、滿足的，最後卻以掃興告終，所以，他們的結果相對是悲哀的、痛苦的。

文物鑑定專家們在鑑別一件寶玉是不是真品時，其中一個重要的依據就是看它有沒有瑕疵，因為所有的寶玉都會有瑕疵，而人工仿製品卻往往是完美無缺的。

「金無足赤，人無完人」，人都會有優點和缺點，事都有殘缺、遺憾。不必煩惱，也不必刻意追求完美，以真實的自我面對社會，我們將生活得瀟灑自若。

加拿大英屬哥倫比亞大學心理學家保羅．休伊特認為：過度追求完美是一種病態心理，不利於身心健康。

保羅．休伊特自二十世紀六〇年代開始研究完美主義。他發現，完美主義者有不同的表現形式，但不管是何種類型的完美主義者，都有這樣或那樣的健康問題，比如沮喪、焦慮、飲食紊亂等。

別拿「完美」折磨自己，只有放寬心，生活才會變得更加美好。再則，追求事事完美不一定就能帶來成功。

有一則這樣的寓言：在非洲大草原，有一頭年幼的獅子叫迪奧，牠從小就立下雄心壯志，要成為一頭最優秀、最完美的獅子。後來，這頭年幼的獅子發現，雖然獸類都認為獅子是草原之王，但其有個明顯的弱點，就是在中長跑項目中的耐力比羚羊弱。很多時候，因為這個弱點，羚羊就從嘴邊溜掉了。

迪奧決心改變這個缺點，通過長期對羚羊的觀察，牠認為羚羊的耐力與吃草有關。為了增長耐力，迪奧便學羚羊吃起草來，最後迪奧因吃草而變得奄奄一息。母獅子發現迪奧這一做法後，便教育迪奧，「獅子之所以成為草原之王，不是因為沒有缺點，而是因為牠有突出的優點。牠是靠突出的觀察力、優異的爆發力、鋒利的牙齒和準確的撲跳動作才稱霸草原的，而不是靠完美，沒有缺點的獅子是不存在的。」

迪奧聽了母親的話，開始認識到自己的錯誤，不再把心思放在改變自己的缺點上，而是盡力去發揮自己的優點。最終，迪奧成了那片草原最優秀的獅子。

很多時候，我們人類同樣會犯獅子迪奧年幼時的錯誤，為了讓自己變得完美，我們總希望改掉身上的一切缺點。結果，在改變缺點的過程中，放棄了自己的優點，反而成為一個平庸之人。

其實，只要一方面特別優秀，就非常了不起。若要全面追求第一，就可能連一個第一都拿不到。因此，人生要懂得有所「放棄」，要學會接受「失去」，別拿「完美」折磨自己。

轉個念不吃虧

任何人都有優點和缺點，劉備文才武略皆平庸無奇，卻三分天下而居其一。劉邦雖然只是一個市井之徒，卻知人善任，運用謀臣的智慧彌補了自己的先天不足，從而開創漢家天下。

對此，我們不妨以這樣的兩句古詩來提醒自己——「豈能盡如人意，但求無愧我心」。對人對事不要追求完美，只要我們努力去做就可以了。

認識缺點，才是致勝的關鍵點

一個人的成功靠的是認識到自己的短處，並善於發揮自己的長處。比如，一個比較木訥的人，不擅長在大庭廣眾之下說話，但是這個人比較敏銳，對周圍形勢的判斷比較準確，能夠準確地抓住對方的心理。那這個人就應該多花心思和精力在自己擅長的方面，如果把時間和精力都用在克服說話木訥上，就等於是丟掉了自己的長處，並分散了自己拼事業的精力。要想獲得成功，就應該想辦法發揚和經營自己的長處，避免自己的短處。

一位十歲的日本小男孩在一次車禍中失去了左臂，但是他很想學柔道。最終，小男孩拜一位柔道大師做了師父，開始學習柔道。他學得不錯，可是練了三個月，師父只教了他一招，小男孩有點弄不懂了。

他終於忍不住問師父，「師父，我是不是應該再學學其他招數？」師父回答說：「不錯，你的確只會一招，但你只需要會這一招就夠了。」小男孩並不是很明白，但他很相信師父，於是就照著師父的話繼續練了下去。

幾個月後，師父第一次帶小男孩去參加比賽。連小男孩自己都沒有想到，他居然輕輕鬆鬆地贏了前兩輪。第三輪稍稍有點艱難，但對手還是很快就變得有些急躁，連連進攻，小男孩敏捷地施展出自己的那一招，又贏了。就這樣，小男孩迷迷糊糊地進入了決賽。

決賽的對手比小男孩高大並且強壯許多，也擁有豐富的經驗。一開始，小男孩有點招架不住。裁判擔心小男孩會受傷，就喊了暫停，打算就此終止比賽。然而師父不答應，說：

「繼續下去！」比賽重新開始後，對手放鬆了戒備，小男孩立刻使出他唯一會的那招，制服了對手。小男孩贏得比賽，成為冠軍。

回家的路上，小男孩和師父一起回顧比賽的每一個細節，小男孩鼓起勇氣道出了心裡的疑問，「師父，我怎麼就憑一招就贏得了冠軍？」

師父答道：「有兩個原因：第一，你幾乎完全掌握了柔道中最難的一招；第二，就我所知，對付這招唯一的辦法是對手抓住你的左臂。而現在，你缺失了手臂，這個最大的劣勢變成了你最大的優勢。」

大家都知道，一個人的弱點或者說缺點，就像物理學上的位置變化一樣，是一個相對的概念，參照不同的東西就會得出不一樣的結論。所以，弱點或缺點從這個角度來說是缺點，而換一個角度來看，可能就成了優點。

所以，發現自己的缺點或錯誤，並承認、坦然地說出自己的缺點，其實一點也不會損害你的面子，反而是一件好事。因為只有認識到了缺點，才能找出致勝的關鍵點。

午間休息時，在一間辦公室裡，幾個員工在閒聊，其中一位談起了未在場的小馬，「其實，小馬的道德品行還算可以，只是我實在受不了他的兩個毛病，一個是容易發怒，另一個則是做事老是冒冒失失的。」

其他幾個人聽見他的這番評論，十分認同，附和著說：「沒錯，他就是這個樣子。」

恰在這時，小馬正好經過門外，聽見眾人居然聚在一塊批評他，大聲吼道：「你說我什麼？」接著小馬抓住說話的那一位，上去就是一拳。

旁邊的同事見狀，紛紛上前阻止，「你怎麼隨便動手啊？太粗暴了！」

小馬氣呼呼地說：「你說，我什麼時候喜歡發怒了？還有，我又什麼時候做事冒失了？你說啊！這傢伙居然在背後胡亂批評我，說我做事冒失、喜歡發怒，胡說八道的人就該挨打。」

此時，小馬的身後忽然傳來了一個嘲笑聲，「哦？你不愛發怒嗎？你做事不冒失嗎？那你現在在做什麼？你現在的舉動，難道還不夠冒失，還不能證明你愛發怒嗎？」

一位哲人曾告誡我們說：「也許你會忽略自己的缺點，但如果有人指出你的缺點，你還是視若無睹的話，就表明你的判斷力有待加強。」

每個人都會有缺點，你不一定要戰勝它，但你一定要知道它，這樣才能避免它給你帶來損失。善於彌補自己的缺陷和不足是一個成功者的素質。

轉個念不吃虧

「尺有所短，寸有所長」，每個人都有自己的優勢和長處。如果我們能客觀地看待自己，在認識缺點和短處的基礎上，找出自己的長處和優勢，並加以充分發揮，就能激發自信心。

接受自己的不完美

人的一生中總會發生一些難以預料的事情，面對生活的不完美和不如意，我們既不能放棄自己，也不能苛求自己更完美。我們所能做的就是勇敢地接受自己不完美的現實，不抱怨、不懊惱，懷著一顆包容的心看待生活給我們的不如意。在輕鬆、滿足的環境中我們才能生活得更好，刻意的追求只會使我們的生活越來越糟糕。

有一位老人，年逾七旬還是孤身一人。並不是他不想結婚，而是因為他一直都在尋找著一個在他看來完美的女人。

有人問他，「你活了七十多歲了，走了那麼多地方，始終在尋找，難道你沒能找到一個完美的女人嗎？」

這時候，老人悲傷地說：「有一次我碰到了一個完美的女人。」

那個發問者說：「那為什麼你們不結婚呢？」

老人更加傷心地說：「沒辦法啊！她也正在尋找一個完美的男人。」

「沒有最好，只有更好。」那些追求完美的人不僅給自己，也給他人設定了一個很高的標準。他們往往接受不了自己或他人的缺點和不足，甚至會因為一點小缺點而忽略了其他的優點。

事實上，每個人都有缺點和不足，這是正常的，必須學會接受它們，順其自然。如果非要和自然規律抗衡，必然會自討苦吃。所謂「世界並不完美，人生當有不足」。留些缺憾，反倒可使人清醒，催人奮進。

再說，有缺憾並不可怕，可怕的是因此對自己失去信心，自暴自棄。

英國著名物理學家史蒂芬·霍金教授的身體狀況眾所周知。二十一歲時，他被確診患有罕見、不可治癒的運動神經元疾病——漸凍症（肌萎縮性脊髓側索硬化症）。一九六三年，醫生說他只能活兩年半，並且隨著病情的惡化，他將失去所有的活動能力。然而，這種致命的打擊並沒有擊倒霍金教授，他也沒有因為自己喪失所有活動能力而否定自己的價值。

霍金教授自稱，「幸虧我選擇了理論物理學，因為研究它用頭腦就可以了。」霍金教授雖然不能用筆和紙工作，卻能借助描繪在紙上的精神圖像表達他的思想。他的方法使較傳統的需要假說、實驗和觀測的科學方法更加直觀。由於霍金教授無法發聲，只能借助聲音合成器來發聲，這一組合十分費力，所以他的講演風格既簡練又準確，沒有其他講演者常用的矯揉造作的手法或是廢話。

霍金教授之所以偉大，除了他在學術上的貢獻外，還因為他有著積極樂觀的生活態度。一個失去所有活動能力的人，換在別人身上早就失去生存的勇氣了。然而，他心中沒有仇恨、沒有苦惱、也沒有怨天尤人，只有不甘放棄，積極向上，用自己的執著與樂觀戰勝了身體的缺陷。

其實在這個世界上，我們每個人都不可能完美無缺，每個人或多或少都會有些不足，過分地關注自己的缺陷是一種愚蠢的行為。

轉個念不吃虧

生命雖短暫，卻能鑄就永恆；生命雖平凡，卻能孕育偉大；生命雖脆弱，卻能成就堅毅。如果你還未想好該如何珍惜與利用短暫易逝的生命，那麼就在漸進地感悟生命中讓生命綻放光芒吧！

人的一生都難以完美，那麼坦然地接受自己的不完美，不也很好嗎？

不要浪費精力吹毛求疵

一個人最大的缺點莫過於看不到自己的缺點，反而對他人吹毛求疵、斤斤計較。

請記住，當你說老闆刻薄時，恰恰證明你自己是刻薄的；當你說公司管理到處都是問題時，恰恰說明你自己也有問題。

美國前總統林肯有一封寫給下屬胡克的信，可以引導我們走進這個總統的偉大心靈。這封信讓我們看到了一個率直、慈愛、睿智、老練，具有外交天賦和寬大胸襟的林肯。

胡克曾經粗魯、不公正地批評自己的總司令——林肯，這使他的上司伯恩賽德感到十分難堪。但林肯毫不計較，而是充分發揮胡克的優點，為自己所用。林肯提拔胡克，接替了伯恩賽德的職務。換句話說，被冤枉的人提拔了冤枉他的人。事實上，林肯和伯恩賽德之間的私人友誼十分深厚。

但是誤會依然存在，因此林肯認為，有必要讓被提拔的胡克得知真相，所以他以一種既不讓對方出醜，也不點燃對方怒火的方式告訴了胡克，用理智的方法化解了和胡克間的矛盾。以下就是這封信的全文：

少將：

我已任命你為波托馬克軍的首領，我這樣做當然有自己充分的理由，不過，我覺得你應該知道，你還有很多地方讓我不是很滿意。我相信你是一位勇敢又有才華的軍人，當然，這是我喜歡的，我也相信你不會把你的職業與政治傾向相混淆，這一點你是正確的。

你有充分的自信心，如果這不是必不可少的優點，至少是有價值的優點。你雄心勃勃，在合情合理的範圍內，它利大於弊。但是，我認為你在接受伯恩賽德將軍統帥時，這種雄心曾經受到過挑戰。在這一點上，你犯了一個大錯誤，不管是對國家，還是對那位戰功卓著和值得尊敬的長官。

我記得曾聽你說過，無論是軍隊還是政府都需要一位最高統帥，我也相信你的觀點。因為這方面的原因，但不僅僅因為如此，我給你下達了任命。只有那些贏得成功的將軍才可以成為統帥，我現在要求你的是取得軍事上的成功，而我自己也冒著獨斷專行的危險。

政府將盡自己最大的能力來支持你，不會比以往的多，也不會比以往的少，而且對所有的司令官一視同仁。批評自己的長官甚至使他喪失自信心，我擔心這些由你帶入軍隊的思想，會發生在你自己的身上。我會盡我最大的努力來幫助你控制它，無論是你還是拿破崙（如果他還活著），都無法從一個彌漫著這種情緒的軍隊裡有所收穫。

現在，請克服這種輕率，保持旺盛的精力，勇往直前，爭取偉大的勝利。

此致

敬禮

林肯
一八六三年一月二十六日
於華盛頓

儘管胡克有種種缺點，他依然得到了提拔，而你的老闆可能沒有林肯那樣寬容大度的胸襟。但即使是林肯也無法永遠保護胡克，如果胡克戰敗了，林肯不得不再起用其他人取而代之——一個更沉著冷靜，一個不妄加評論、不吹毛求疵的人。

不要吹毛求疵，這不僅是一個做人的原則，也是一種建立在自然法則基礎上的商業習慣。獎賞只會給那些有用的人，如果希望能對老闆、對公司有真正的幫助，就應該保持寬容心，以一種溫和的態度來告訴自己的老闆，他的管理存在一些弊端，而沒有必要激起他的不滿，更沒有必要與之上升到對立的地步。

有一類人專門習慣挑老闆和同事的缺點和錯誤，他們自己無法做到十全十美，卻要求其他人盡善盡美。他們有一種用他人的錯誤來證明自己的聰明的心理，總是希望從挑剔錯誤中得到滿足。

不要浪費精力吹毛求疵，如果你將大部分的時間和精力花在評論別人的毛病上，你自己能用的時間又剩多少呢？你還有時間去成功嗎？提高自己並不需要貶抑別人；獲取他人對你的信任，也不需要中傷其他人。

每個人都有缺點，除此之外，也有長處和優點，正確的心態應該是看到其他人優秀的那一面。正如一位偉大的企業家所言：「看人應該看到他的優點，必須盡量發掘他人的長處。用三分心思去挑剔缺點。」

轉個念不吃虧

如果挑剔能使一部被撞壞的汽車恢復完好如新的話，那將是多麼美好啊！可這是絕對不可能的。對於已經發生的事情過分挑剔，什麼也不能挽回。如果我們能改變態度，少些指責，多些讚美，對自己對別人都是有好處的。

誰都會做錯事

蘇格拉底說過：「否認過失一次，就是重犯一次。」人生在世，做錯事產生過失是不可避免的，但能抬起雙腳重新走上另一個正確的方向，才是當下該做的事。

如果我們讓自己的生命，深陷在過失的泥潭裡不能自拔，那麼生命不但無法前進，反而會退步。

世界上萬事萬物都是發展變化的，一個有價值的選擇，如果把它放在不同的時空來看，可能就會有不同的判斷。但如果當初的感覺是對的，那麼，即便後來發現自己的選擇錯了，也不要後悔，更不要為了曾經的過失而不斷地自責。

在某座深山的小寺廟裡，有這樣的師徒二人：師父每日參禪打坐、誦經禮佛；小徒弟除了每日的日課，還要照顧師父和負責清掃寺院的工作。然而小和尚年齡尚小，還在淘氣的時候，經常趁砍柴的時間偷偷溜到後山遊玩。師父看在眼裡，但也不怪他。

一日，小和尚又去砍柴，在樹叢中發現了一隻受傷的麻雀。小和尚抓起麻雀，正待查看，可憐的麻雀卻死在了小和尚手裡。小和尚驚慌失措，大叫「阿彌陀佛」，心道：這鳥兒也真是的，怎麼偏偏我一看牠，牠就死了呢？

小和尚想挖個坑將麻雀掩埋，又覺得沒這個必要。他把麻雀的屍體放回地上，但還是覺得不妥，「萬一被其他動物吃了怎麼辦？」小和尚這樣想著，更不知如何是好。

忽然，一絲邪念進了小和尚的腦海，想當年未出家時，也曾吃過……想到這，小和尚不禁四下張望，好像自己已經犯下了彌天大罪。畢竟年齡尚小，小和尚到底沒能禁得住誘惑，偷偷點了把火將麻雀烤熟吃了。

傍晚，小和尚回到廟裡，見到師父，師父問他為何回來得遲了，他回答說遇到山下幾個同齡的孩子，多玩了一會兒，還請求師父不要責罰。師父笑了笑，也不說什麼，只囑咐他回去好好休息。

夜裡，小和尚越想越自責，痛恨自己不該破戒說謊。然而，錯已鑄成，悔之晚矣，小和尚一時也不知如何是好，輾轉反側，迷迷糊糊就到了天亮。

小和尚早早起床，將寺廟裡外打掃得一塵不染，挑水、劈柴都比平日認真。師父看在眼裡，還是什麼也不說。

接下來的幾天，小和尚依舊如是，每日按時誦經，幹活賣力，出去砍柴也不再拖延，早早回來。終於有一天，小和尚熬不下去了，跑到師父面前痛哭流涕，將那日偷吃麻雀的事一五一十地說了出來。「師父，我知道錯了……」小和尚越哭越傷心，不知如何才能彌補自己的罪過。

師父聽完他的講述，微微笑了，說：「犯錯並不可怕，只看你能否認識到自己的錯誤。你能來告訴師父，證明你還是個誠實正直的孩子。這些天，你已經做了足夠的懺悔，不是嗎？」

原來，師父早看出了他的心思，只等他自己醒悟，這種深刻的心理反省遠勝過他人的懲罰。記住：不能縱容自己犯錯，但也不能把過去的錯誤看得太重。

誰都會做錯事，人生沒有太多時間讓你一直沉浸在曾經的錯誤中，只有不斷發現錯誤，修正錯誤，並累積成果，我們才能抵達夢想的終點。

轉個念不吃虧

只要在做決定的時候認真地考慮過，也有勇氣面對自己的選擇，那就不需要為了一個不好的結果而悔恨和自責。犯了錯誤不要緊，重要的是能夠從錯誤中總結經驗，然後走出錯誤，勇敢地向前看。

不要讓曾經的過失成為你心中的陰影，也不要計較一時的得失，要勇敢地從陰影中走出來，走向光明的未來。

活得輕鬆一點又何妨？

人，哭喊著跑到這個世界上來，面臨的首要問題就是生存。要生存，就必然會遇到競爭；有競爭，就必然有壓力。所以，只要你選擇活著，就註定要承受生存所帶來的各種各樣的壓力，如：升學、就業、升職等，不勝枚舉。我們只有勇於正視壓力，學會承受壓力，才能在日趨激烈甚至殘酷的生存競爭中，立於不敗之地。

當過運動員或看過運動員訓練的人都知道，為了增強腰部和下肢力量，運動員常在教練的指導下做一種壓槓鈴的負重練習。通過壓槓鈴的練習，運動員的力量（尤其是腰部和下肢力量）會迅速增強，奔跑和跳躍的能力會突飛猛進。當然，槓鈴的重量一定要適當，輕了效果甚微，重了運動員受不了會閃到腰，而且槓鈴重量的增加要因人而異，循序漸進。

這槓鈴就像我們生活中所必須背負的壓力，適當地背負一些壓力，既能鍛煉個人的能力，也能促進社會的發展和進步。但壓力過度，突破了身體和心理的極限，就會使人身心受損，甚至徹底崩潰。

人生的道路千萬條，只有量力而行，才能夠有所收穫，享受到收穫的樂趣。

每個人都有自己快樂的理由，也有自己不快樂的理由。比如，有的人工作輕鬆、自由、壓力小，但薪水有點低。他要想感到快樂，眼睛就不能老盯著薪水不放，而應該多想想——自己多自在啊！

反過來，有的人薪水高，但壓力大，不自由。他要想感到快樂，眼睛就不能老盯著工作壓力大不放，而應該多想想——自己的薪資待遇是大多數人所沒有的。

上帝不可能把什麼都給你。緊緊抓住不快樂的理由，無視快樂的理由，就是你總是覺得不快樂的原因了。當你感到實在承受不了的時候，要及時給自己減壓。

「生活真是太累了！」常聽一些人喊出這樣一句話。

活得累的人很少有幽默感，更不會放鬆一下自己，唯恐別人以為自己對生活不嚴肅。活得累的人身上就像穿著一件厚重的鎧甲，既不能活動自如，又不能脫去它，因為它太沉重了，壓在身上如重千斤。活得累的人就像永遠戴著一副面具，在人前謹小慎微，人後愁眉苦臉。真是太累了，讓人喘不過氣來。

既然活得累是件很痛苦的事，既然生命對我們來說又是那麼寶貴、那麼短暫，那麼我們何不換一種活法，活得輕鬆、幽默一點，努力去感受生活中的陽光，把陰影拋在身後？即使工作繁忙，也要抽出一點時間來放鬆自己，那樣會對你的工作更有益處。

林肯的書桌上總有一本詼諧的書籍，每當他抑鬱煩悶的時候，便翻開來讀幾頁，不但可以解除煩悶，還能使疲倦消除。

美國富翁柯克，在他五十一歲那年把財產全部用完了，他只得又去經營、去賺錢。沒多久，他又賺了很多錢，他的朋友覺得奇怪，問道：「你的運氣為什麼總是這樣好呢？」

柯克回答，「這不是我的運氣，而是我的祕訣。」

朋友急切地問：「你的祕訣可以說出來讓大家聽聽嗎？」

柯克笑了，「當然可以，其實這是人人都可以做到的事情。我是一個樂觀主義者，無論對於什麼事情，從來不抱悲觀態度。就是人們對我譏笑、惱怒，我也從不變更我的想法。並且，我還使人快樂，這樣我總是獲得成就。我相信，一個人如果經常向著光明和快樂的一面看，就一定可以獲得成功。」

生活是公平的，對誰都是一樣的，沒有絕對的幸運兒，更沒有完全的倒楣鬼。你有這樣的不幸，他也有那樣的煩心事；別人有那樣的好機會，你也會有這樣的好運氣。所以，千萬別把自己想得那麼悲慘，更不要把自己纏繞進自己編織的網中，掙扎不出來。

轉個念不吃虧

生活在這個世界上，你要為衣、食、住、行去奔忙，要去應付各種各樣的事，要去與各種各樣的人相處。但誰又能保證你所接觸的事都是好事，你所遇到的人都是謙謙君子呢？

不要讓自己長期生活在緊張、壓抑之中，不要讓自己的弦繃得太緊，別活得那麼累。人生在世，活得輕鬆一點又何妨？必要的時候，放鬆一下自己吧！

何苦自戀＋自虐

生活中，有些人在做某件事時猶豫不決，下不了決心，其實並沒有什麼讓他為難的事，只是他過於在乎別人的評價。比如，參加同學會時穿什麼樣的衣服，穿得太普通了會不會被別人瞧不起；妻子長得不漂亮，還是別帶她參加同學會了；說自己失業不太好，還是說自己是自由職業者吧……

當你在意別人的評價時，有沒有想過：別人真的那麼在意你嗎？

現實生活中這樣的人不在少數。有一個人，原來在一家公司的業務部門做主管，後來因為工作需要被調到了一個新的部門。這個新部門的地位沒有原來的部門高，於是他總擔心別人會有什麼其他的想法。

有一天，他在街上遇到了一個熟人，熟人問：「你不做主管啦？調到哪兒去了？」這個人回答，「不做了，調到另一個部門去了。」熟人說：「好啊，祝你順利！」這位先生笑笑說：「有時間來玩呀！」然後作別。但他心裡卻有一絲心酸，覺得朋友是在笑話他。

過了不久，這個人在某處恰巧又碰到了那位熟人，熟人又問：「聽說你不做主管了，調哪兒去了？」他只得把以前的話又重複了一遍，「我調另一個部門了，有時間來玩啊！」

回到家，這個人心裡突然明亮起來，好像一下子就悟出了什麼來：是呀！自己整天擔心別人說什麼，整天把自己當一回事，而人家卻早把自己忘了。於是，他照舊像原來一樣，與朋友們一起聚會聊天，大家依然是那樣熱情，依然是那樣真誠。

其實很多人的煩惱，都只是自己杯弓蛇影的自戀和自虐而已。所有的擔心和疑惑，大都是自己內心的猜測，在別人的心中，其實並不那麼重要。

生活中還可能會碰到這樣一些事情，比如說了什麼不得體的話，被他人誤會了，遇到了什麼尷尬之事等等，大可不必耿耿於懷，更不必揪住所有人去解釋，因為事情一旦過去，沒有人還有耐心去理會別人曾經說過的一句閒話、一個小小的過失或者疏忽。你那麼念念不忘，說不定別人早已經忘了，不要太把自己當一回事了。

反過來我們也可以問問自己，別人的一次失誤或尷尬，真的會一直在你的心頭揮之不去嗎？會讓你時時惦記著嗎？你對別人的衣食住行真的就那麼關心，甚至超過關心自己嗎？

人生中那麼多的事，人們連自己的事都處理不完，自然沒有多少人還會去關心別人的事情。只要你不對別人造成傷害，只要不是損害了別人的利益，沒有人會對你的失誤或尷尬太在意。也許第二天太陽升起的時候，別人什麼事都忘記了，只有你自己還耿耿於懷。所以你要明白，在別人的心中，你並沒有那麼重要。

轉個念不吃虧

生活中有許多事情需要我們抱著無所謂的態度來對待，無所謂不是對生活的不負責任，而是用一種豁達的姿態來面對生活中的陰晴風雨。你所擔心或感到困窘的事，別人其實沒有那麼多的閒心去關注，因此你大可不必放在心上。不必太在意別人的想法，走好自己的路，這比什麼都重要。

別人怎麼想你重要嗎？

師徒二人離別了一年，彼此十分掛念。某日二人相見，師父問：「徒兒，你這一年都做了些什麼事？」

徒弟回答，「徒兒開了一片荒地，種了一些莊稼和蔬菜，每天挑水澆地、鋤草除蟲，收成很好。」

師父贊許地說：「你這一年過得很充實呀！」

徒弟便問：「師父，您這一年都做了什麼事？」

師父笑著答道：「我過了白天就過晚上。」

徒弟隨意地說道：「您這一年過得也很充實呀！」

剛說完，他就覺得自己這樣說很不妥，話語中似乎帶著諷刺的味道，於是漲紅了臉，情不自禁地咂了咂舌頭，心想：我這樣說，師父肯定以為我在取笑他，我實在是太不應該說這樣的話。

徒弟的窘態被師父看透了，就在徒弟想著如何補救的時候，師父責備他說：「只不過是一句話，你為什麼要看得那麼嚴重？」

徒弟仔細一想，明白了師父的用意：偶爾的小疏忽，或無意的小過失，只要不是有心造成的，又沒有引起什麼嚴重的後果，那就隨它去吧，沒有必要老是把它放在心頭。

想到這裡，徒弟便對師父說：「我們開始上課吧！」

師父贊許地點了點頭。

世上的事本是平常，是人們自己經常把事情看得太嚴重了，讓一些小事占據了內心，進而憂慮不安。徒弟為自己一句不甚恰當的話而惴惴不安，可師父根本不在意弟子的小過失，反而告訴他一個做人的道理。

生活中，人們就是太在乎別人怎麼說、怎麼看了，經常被一些不必要的事情煩擾，怕別人責怪而自責、怕別人取笑而自卑、怕難堪而自閉。

一位老人的筆記本上，記著這樣一句話：不必在意別人是否喜歡你、是否公平地對待你，更不要奢望每個人都會如此待你。

某一天你突然發現阿嘉對小張、大仁很好，對你卻不冷不熱，但你想不出曾做錯什麼，想不出什麼地方得罪了他。你不必驚慌、更不必煩惱，在一次次的自問和猜測間，你耗掉的是自己的時間，消磨掉的是自己的信心。

其實，阿嘉對你的態度並不能改變什麼實質性的東西，或許本來就不是你的問題，你何必因此擾亂心理平衡呢？再仔細想想阿玲不是對你很好而對別人冷冷淡淡嗎？這樣就夠了。

不必在意別人的冷漠表情、竊竊私語，不必費心去揣測、琢磨別人怎樣待你、怎樣評價你；不必在意微小的得失、過錯或失敗，那只是成長路上的一個小插曲。豁達一點，超然一點，平靜喜悅地走過每一個日子，然後再回過頭想想所經過的是非得失、喜怒哀樂、苦辣酸甜，你會發覺眼前突然變得明亮開朗，原來，生活還是充滿了陽光。

把時間留給自己，讀自己喜歡的書，聽悅耳的音樂，到田野去走走……生命中值得留意的東西有很多，實在不值得你去掛懷別人的態度。

如果想活得輕鬆，活得開心，活得有意義，就不必在意一些無關緊要的小事。不要把自己的時間和精力，用在自尋煩惱和尋找人際關係的障礙上，能給我們包袱的只有我們自己。

別人的留意只是一時的，很多年以後，再去問別人是否記得你當年是多麼地丟臉，很多人肯定已經不記得了，甚至有人已經忘記你是誰了。

轉個念不吃虧

別人怎麼想你重要嗎？生命中最重要的是自己怎麼看，而不是別人的想法，根本不必為一些小事煩心。微風吹過，煙消霧散，天地間原本是如此澄明，為何讓自己背著沉重的包袱呢？

放下包袱，過濾掉煩心瑣事。不必在意別人的眼光，讓心靈自在飛翔，生活也就跟著輕鬆、愉悅了。

不要活在別人的標準裡

人，是很奇怪的生物。很多時候，他會因為顧忌別人的看法而改變初衷。明明告誡自己不必理會別人怎麼說，不必在意別人的臉色，但當你面對眾人，你就有可能跳不出這個怪圈了。

如果你每做一件事都是瞻前顧後、畏首畏尾，豈不是很沒有自我，豈不是很累？人活著，不是活給別人看的，是為自己而活的！

任何一個人都無法做到讓每個人滿意，儘管他已是竭盡全力了。因此你無須因為別人的討厭而失望，並且要時刻提醒自己：無論你怎樣卓爾不群，仍會有人不喜歡你，這無所謂。

布斯·塔金頓是二十世紀美國著名的小說家和劇作家，他的作品有《安培遜大族》和《愛麗絲·亞當斯》，均獲得了普利茲小說獎。

在一次藝術家作品展覽會上，有兩位女孩請他簽名。

「我沒有帶鋼筆，用鉛筆可以嗎？」布斯·塔金頓其實知道她們是不會拒絕的，他只是想表現一下，身為一個著名作家謙和地對待普通讀者的大家風範。

「當然可以。」女孩們果然爽快地答應了，並且非常高興地接受了。一個女孩很快地將精緻的筆記本遞給布斯・塔金頓。他取出鉛筆，瀟灑自若地寫上了幾句鼓勵的話語並簽上了自己的名字。

誰知道女孩看過他的簽名之後，眉頭皺了起來，並仔細地觀看布斯・塔金頓，問道：「你不是羅伯特・查波斯？」

「不是，我是布斯・塔金頓，《安培遜大族》和《愛麗絲・亞當斯》的作者，兩次獲得普利茲小說獎。」

不料，這個女孩扭過臉對另外一個女孩不屑地聳聳肩膀說：「瑪麗，請把妳的橡皮擦借我用。」

剎那間，布斯・塔金頓感到無地自容，所有的驕傲和自負化作烏有。

回到家裡，布斯・塔金頓仍然為剛才的不快感到難過。這時，他的兒子走上前來，給了他一顆橘子。布斯・塔金頓的兒子非常喜歡吃橘子，但布斯・塔金頓本人平常是再好的橘子也不吃。

於是，兒子就勸爸爸說橘子富含維生素C，多吃對身體有好處。心情煩躁的布斯・塔金頓回答道：「再好的橘子我也不喜歡吃，因為我壓根就不喜歡橘子的味道。」話音剛落，他突然意識到了什麼，立刻高興了起來。原來，他頓悟了一個道理：哪怕再好的橘子，也照樣有人不喜歡，人何嘗不是如此呢？

我們無法做到讓人人滿意，即使是自我感覺很優秀的時候，也要時刻提醒自己：無論你怎樣卓越超群，仍然會有人不喜歡你。

生活中經常可以見到一些人放棄了自己的意願，活在別人的標準裡，要知道，在別人的評價裡找尋自我存在的價值，這其實是很悲哀的事！

體壇「飛人」麥可．詹森對於自己的成長經歷就有過這樣的感慨：「有夢想很重要，永遠要相信自己，不要太在意別人的目光。」

正如他所說，麥可．詹森一向不在意別人的評論。世人大概永遠不會忘記他的跑姿，太特別了——挺胸、撅臀、梗著脖子。在《阿甘正傳》這部電影出現之前，人們給他取的綽號是「鴨子」，其後，才被喚作「阿甘」。

無數人對他的跑姿發難，他既不惱怒，也不改正。他說：「我的跑姿和身材有關，是自然形成的。許多人都批評過這種姿勢，說技術是多麼地不合理，但我始終堅持。」

這怪異的跑姿卻使麥可．詹森奪得了奧運會金牌及世界田徑錦標賽金牌，尤其具有傳奇色彩的是在一九九六年的亞特蘭大奧運會上，國際田聯和國際奧會破天荒地專門為他修改了田徑賽程，把四百公尺和二百公尺決賽之間的休息時間從五十分鐘改為四個小時。這個「善意的體諒」最終讓麥可在那四個小時間，一舉包攬下二百公尺和四百公尺兩項金牌。

二〇〇〇年雪梨奧運會，麥可．詹森拿下四百公尺金牌和四百公尺接力賽冠軍（最後一棒）後，宣布退役。那年他三十三歲，人們朝著他的背影說：「他留給我們的，是幾個屬於二十一世紀的紀錄。」

如今已經投身體育教育的麥可．詹森給孩子們的建議是：「永遠要相信自己，不要太在意別人的目光。」一如當年他面對別人向他的跑姿發難時的平靜。

讓所有人都說你好話很難也很累，只有按照自己的原則，根據自己的價值觀和人生觀去做事，才能活出屬於自己的精彩人生。

轉個念不吃虧

不要活在別人的標準裡，在乎別人的看法只能擾亂自己的方寸，從而分散了自己本該用於思考的精力，人生也就因此而迷失了方向，自然活得非常沉重。

只有不為別人的眼光違背自己的心意，尊重自己的生活方式，做自己真正想做的事的人，才會達到快樂自在的生活狀態，如燕子一樣輕盈飛行。

面對失敗，你只能抱頭痛哭？

有一個年輕人從很小的時候起，就有一個偉大的夢想，他希望自己能夠成為一名出色的賽車手。他在軍隊服役的時候，曾開過卡車，這對他熟練駕駛技術幫助很大。

從部隊退役之後，他選擇到一家農場裡開車。在工作之餘，他仍一直堅持參加一支業餘賽車隊的技能訓練，只要有機會遇到車賽，他都會想盡一切辦法參加。因為得不到好的名次，所以他在賽車上的收入幾乎為零，這也使得他欠下一筆數目不小的債務。

那一年，他參加了美國威斯康辛州的賽車比賽。當賽程約進行到一半的時候，他的賽車位列第三，他有很大的希望在這次比賽中獲得好的名次。

突然，他前面那兩輛賽車發生了相撞事故，他迅速地轉動方向盤，試圖避開他們，但終究因為車速太快未能成功。結果，他撞到車道旁的牆壁上，賽車在燃燒中停了下來。當他被救出來時，手已經被燒傷，鼻子也不見了，體表受傷面積達百分之四十，醫生給他做了七個小時的手術之後，才使他從死神的手中掙脫出來。

經歷這次事故，儘管命保住了，可他的手萎縮得像雞爪一樣。醫生告訴他說：「未來，你恐怕再也不能開車了……」

然而，他並沒有因此而灰心絕望，為了實現那個久遠而偉大的夢想，他決心再一次為成功付出代價。他接受了一連串的植皮手術，為了恢復手指的靈活度，每天不停地練習用殘餘部分去抓木條，有時痛到渾身發抖，他仍然堅持著，他始終堅信自己的能力。

在做完最後一次手術之後，他回到了農場，換用開推土機的辦法使自己的手掌重新磨出老繭，並繼續練習賽車。僅僅九個月之後，他又重返了賽車場！

他首先參加了一場公益性的賽車比賽，但沒有獲勝，因為他的車在中途意外地熄火了。不過，在隨後的一次全程二百英里的比賽中，他取得了第二名的成績。又過了二個月，仍是在上次發生事故的那個賽場上，他滿懷信心地駕車駛入賽場，經過一番激烈的角逐，他最終贏得了二百五十英里比賽的冠軍。

他，就是美國頗具傳奇色彩的偉大賽車手——吉米．哈里波斯。當吉米第一次以冠軍的姿態面對熱情而瘋狂的觀眾時，他流下了激動的眼淚。記者紛紛將他圍住，並向他提出相同的問題，「你在遭受那次沉重的打擊之後，是什麼力量使你重新振作起來的呢？」

此時，吉米手中拿著一張此次比賽的照片，上面是一輛賽車迎著朝陽飛馳。他沒有回答，只是微笑著用黑色簽字筆在照片的背後寫上一句凝重的話：把失敗寫在背面，我相信自己一定能成功！

人生猶如激情四射的戰場，有成功，也有失敗；有喜悅，也有痛苦。當你決定挑戰它的那一刻，你便沒有了回頭的權利，不明白前方是什麼，不明白還要走多遠，不明白在這條時而嶙峋，時而明朗的道路上還能堅持多久。

有一個人很小就確立了自己的生活志向，然後一步一步地去實現它們，這不是對生活的挑戰，而是對自己的挑戰，挑戰者創造了挑戰的人生。

生活中最著名的挑戰者，或許是美國的約翰·戈達德，他的人生故事幾乎人人皆知。約翰·戈達德是美國洛杉磯郊區一個沒見過世面的孩子，他十五歲時就把自己一生想做的大事列了一個表，題名為《一生的志願》。表上列著：到尼羅河、亞馬遜河和剛果河探險，登上珠穆朗瑪峰、吉力馬札羅山，駕馭大象、駱駝、駝鳥和野馬，探訪馬可·波羅和亞歷山大一世走過的道路，主演一部《泰山》那樣的電影，駕駛飛行器起飛降落，讀完莎士比亞、柏拉圖和亞里斯多德的著作，譜一首樂曲，寫一本書，遊覽全世界的每一個國家，結婚生孩子，參觀月球……

他還給每一項都編了號，一共有一百二十七個目標。當戈達德定下了自己的生活規畫後，就開始抓緊一切時間來實現它們。在實現目標的過程中，他歷經艱辛，多次冒險，有過十八次死裡逃生的經歷。

他曾對別人說：「這些經歷教我學會了百倍地珍惜生活，凡是我能做的我都想嘗試。人們往往活了一輩子卻從未表現出巨大的勇氣、力量和耐力，但是我發現當你想到自己反正要完了的時候，你會突然產生驚人的力量和控制力，而過去你做夢也沒想到過，自己體內竟蘊藏著這樣巨大的能力。當你這樣經歷過之後，你會覺得自己的靈魂都升到另一個境界之中了。」

戈達德不僅是一個經歷過無數次探險和遠征的老手，還是電影製片人、作家和演說家。他結了婚並生了五個孩子，他堅信自己有一天能實現他的第一二五號目標——參觀月球。

也許任何人小時候對生活都是充滿幻想的，想將來做出一番事業，對什麼事情都充滿好奇心——旅行、醫學、音樂、文學、宇宙航行等。但是很多人只是想想而已，他們在生活中沒有確切的目標，往往墨守成規，從不冒險，也談不上向自己挑戰。所以夢想只是夢想而已，隨著年齡的增長，夢想最後也成了過眼雲煙。

挑戰人生者絕不會這樣，他會制訂奮鬥目標，而且會去努力實現它們。人生本來就是一種挑戰，只有接受挑戰，不斷追求，才能有充實的生命，才能體驗到生活的美妙絕倫。

所謂「有志者事竟成」，正是這種人生的寫照。

轉個念不吃虧

人生的旅途不可能一帆風順，有時也有風風雨雨，如同卑微的生命在雷電中迎接最殘酷的挑戰。面對失敗，有些人只會抱頭痛哭，有些人卻一直堅信：不經歷風雨，怎麼能見彩虹？

精彩豐富的人生屬於越挫越勇、敢於挑戰的強者。做個跟自己賽跑的人，挑戰自己的人生目標。人總不能庸庸碌碌地活著，對待人生，我們必須開拓進取，勇於創新，平靜地對待每一次挫折與失敗，高興地迎接每一次成功與勝利。

只看自己有的，當生活的主人

一個珍惜生命的人，無論身體健康，還是身有殘疾，都懂得如何生活。他不氣餒、不抱怨，因為他知道今天的生活來之不易，他知道要想讓自己過得好，就必須努力。因此，他熱愛生活，熱愛自己，他只關注自己擁有的東西，並發自內心地為之驕傲。

有這樣一個女人，她站在台上，不時地揮舞著她的雙手，仰著頭，脖子伸得好長好長，她張著嘴，眼睛瞇成一條線，認真地看著台下的學生。偶爾她口中也會咿咿呀呀的，不知在說些什麼，她基本上是一個不會說話的人，但是她的聽力很好，只要你猜中，或說出她的意見，她就會樂得大叫一聲，伸出右手，用兩個指頭指著你，或者拍著手，歪歪斜斜地向你走來，送給你一張用她的畫製作的明信片。

她就是黃美廉，一位自小患有腦性麻痺的病人。腦性麻痺奪去了她肢體的平衡感，也奪走了她發聲講話的能力。她從小就因肢體不便而生活在眾多人異樣的眼光中，她的成長充滿了艱辛。

黃美廉出生於台南，父親是位牧師。出生時由於醫生的疏忽，造成她腦部神經受到嚴重的傷害，以致顏面四肢肌肉都失去正常作用。當時她的爸爸、媽媽抱著身體軟軟的她，四處尋訪名醫，結果得到的都是無情的答案。她不能說話，嘴還向一邊扭曲，口水也不能止住地流下。

六歲時，她還無法走路，媽媽聽說患有腦性麻痺者到二、三十歲仍是在地上爬，絕望地曾想把她掐死，然後再自殺。奇妙的是，當爸爸媽媽悉心照顧她，且不斷為她禱告時，她的四肢漸漸有力了，會自己吃飯，會自己站立，雖然一瘸一拐，但總算可以跨出人生的第一步。

在她童年時，她無法像別的小孩子一樣自由自在地玩耍、奔跑，還要面對許多異樣的眼光，一些小孩會嘲笑她，用手、石頭或棒子打她，看她氣得發抖或哇哇大哭，那些小孩子就越發得意。

在坎坷的成長過程中，父母的愛和她對耶穌的信仰，陪她渡過生命中每一個難關。恩師馬治江，給她鼓勵與支持，使她拾回信心，這些都是她深覺感恩的。

黃美廉最終沒有被那些外在的痛苦所擊敗，她克服了難以想像的困難，終於獲得了美國加州大學的藝術博士學位。她用她的手當畫筆，以色彩告訴人們「寰宇之力與美」，並且要「活出生命的燦爛色彩」。

在一次演講中，全場的學生都被她不能控制自如的肢體動作震懾住了。這是一場傾倒生命、令人振奮的演講。「請問黃博士，」一個學生小聲地問，「妳從小就長成這個樣子，請問妳怎麼看妳自己？妳就沒有怨恨嗎？」他的話音剛落，許多人開始議論，怎麼可以在大庭廣眾之下問這樣的問題，太傷人了，大家擔心黃美廉會受不了。

「我怎麼看自己？」黃美廉用粉筆在黑板上重重地寫下這幾個字。她停下筆來，回頭看著發問的同學，然後嫣然一笑，又回過頭來，在黑板上龍飛鳳舞地寫了起來：

一、我好可愛！

二、我的腿很長很美！

三、爸爸媽媽這麼愛我！

四、上帝這麼愛我！

五、我會畫畫！我會寫稿！

六、我有隻可愛的貓！

七、還有……

教室內鴉雀無聲，沒有人敢講話。她回過頭來定定地看著大家，再回過頭去，在黑板上寫下了她的結論：我只看我所有的，不看我所沒有的。

忽然，教室裡響起了雷鳴般的掌聲，只見黃美廉傾斜著身子站在台上，滿足的笑容從她的嘴角蕩漾開來，一種永遠也不會被擊敗的傲然，瞬間在她的臉上綻放出動人的光彩。

轉個念不吃虧

只看自己有的，不看自己沒有的。懂得這樣生活的人，才是生活的主人。黃美廉曾說：「對我來說，單純地生活的人，才會得到快樂，而且會活出生命的色彩。這樣子的單純並不是說不要讀書，不要去爭取自己應該有的權益，而是保有稚子之心看世界。」

第5章 心中不計較，天天都是好日子

人心不足蛇吞象。事實上，我們所擁有的並不是太少，而是欲望太多。太會算計的人常常把自己擺在世界的對立面，樹敵過多。他們非常貪婪，過高、過多的欲望像山一樣沉重地壓在心頭，沒有一點快樂。與其這樣，倒不如把心放寬一點，適當裝點傻，讓自己快樂起來，何樂而不為呢？

何必逼死自己？

每一個人都在尋找心目中的完美，當不能實現時，退而求其次，再退而求其次，沒辦法就漸漸地去接受甚至喜歡這個不完美。能夠心甘情願地接受不完美，也未嘗不是一種幸福。

比如有兩個目標，一個高一點，一個低一點，當高的目標達不到的時候，轉而去實現低一點的目標，這就是所謂的退而求其次。

一位憂心忡忡的婦女走進了某學校的心理諮詢室。

「我很苦惱，」她說，「因為我的兒子只喜歡上網玩遊戲，不喜歡念書，功課很差，數學計算常常錯得稀奇古怪，性格也越來越差，聽不進大人說的話，常常是你剛講了他一句，他已經摔門而去……我真的不知道該怎樣教育這個孩子。」

聽完這位傷心透頂的媽媽的敘述，諮詢師讓她做了三道選擇題：

第一題，假設您現在產期臨近，您希望自己的孩子：

①將來會長成俊男美女，但是出生時臍帶纏脖，可能有生命危險。

②將來長相普通，可是生產過程順利。

第二題，假設您生下的這個孩子長到了十歲，您又得面臨兩種選擇：

①成績很好，把很多孩子比了下去，可是有一天這個孩子與家人走失，再也找不回來。

②學習不好，愛頂嘴，耍脾氣，可是身體健康。

第三題，假設這個孩子長到了成年，您又得做一次選擇：

①孩子戴上了博士帽，可是被宣告從此不准再見母親一面。

②從普通學校畢業，可是允許每天和母親鬥嘴，吃母親燒的菜。

三個問題這位婦女都選擇了後者，不過她仍有疑惑，「為什麼不能提供一個又聰明又健康又乖巧的孩子的答案給我呢？」

諮詢師回答說：「那個孩子不是您的孩子，頂多是您理想中的孩子，現在這個孩子才是您目前真實孩子的狀況啊！」

女士若有所思，臨出門前，她問諮詢師下一步該怎麼做？諮詢師給她出了一道作業，回去後寫下兒子的八個優點，下次帶來。

第二次到訪，女士跟諮詢師說她的兒子：籃球打得好、吃飯不挑食、會幫忙做家事、字寫得很工整、很少生病……說完後，這位女士憂鬱的神色已經不復存在了。

母親很疑惑，「前後不過幾天，為什麼我眼中的兒子不一樣了呢？」諮詢師對她說：「因為您學會了讓步。」有一句話叫退而求其次，就是這個道理。

我們生活的環境日新月異，我們面臨的競爭也越來越激烈，為了能夠更好地生活，很多人都不得不嚴格要求自己，給自己訂個高目標，這雖然是一種積極的生活態度，但嚴格的要求使人們疲憊不堪，過高的目標使人們自信心消弭，反而起到了反作用。

何必逼死自己？為什麼不能退而求其次呢？嚴格要求之餘允許自己偶爾放鬆，不觸及原則的事可以適當降低要求；高目標可以通過很多低的目標積累實現，既然不能一下子實現那些遠大的目標和理想，就先去實現那些近在眼前的小目標。當小目標一個個被實現，我們也許會突然發現，我們已經離那遠大的目標很近了。

退而求其次表面上看來像是一種逃避，一種消極的生活態度，但實際上，卻是一種生活的智慧，一種讓人們更加自信，生活更加快樂的智慧！

轉個念不吃虧

人們對美好事物都有一種渴望和追求，在內心深處都存在著對至善至美的嚮往與期盼。圓固然完美，但我們沒有必要試圖為自己或周圍的人畫一個完美的圓。不必處處追求圓滿，不能做到最好，就退而求其次吧！何必逼死自己呢？

退而求其次可以予人一些生活元氣，也可以使人有所得。這種退步，並非真正意義上的退步，而是特意為自己留下一點餘地，不把自己逼得太死，以求絕處能夠逢生。

理直氣和

「小姐！妳過來！」一位顧客高聲喊，指著面前的杯子，滿臉寒霜地說，「看看！你們的牛奶是壞的，把我一杯紅茶都糟蹋了！」

「真對不起！」店員一邊賠著不是，一邊微笑著說，「我立即給你換一下。」

新紅茶很快就準備好了，碟子和杯子跟前一杯一樣，放著新鮮的檸檬和牛奶。店員輕輕放在顧客面前，又輕聲地說：「我是不是能建議您，如果放檸檬就不要放牛奶，因為有時候檸檬酸會造成牛奶結塊。」

那位顧客的臉一下子紅了，匆匆喝完茶就走了。

有人笑問店員，「明明是他沒常識，妳為什麼不直接說他呢？他那麼粗魯地叫妳，妳為什麼不還以顏色？」

「正是因為他粗魯，所以要用婉轉的方式對待；正因為道理一說就明白，所以用不著大聲。」店員說，「理不直的人，常用氣壯來壓人。理直的人，要用氣和來交朋友！」

每個人都點頭笑了，對這餐館增加了許多好感。往後的日子，他們每次見到這位店員，都會想到她「理直氣和」的理論，也用他們的眼睛，證明這位店員的話有多麼正確：他們常看到，那位曾經粗魯的客人，如今是和顏悅色、輕聲細氣地與店員寒暄。

在人際交往中，得理不饒人是很普遍的。有些人一旦覺得自己有道理，就會揪住別人的缺點，窮追猛打，非逼對方豎起白旗不可。

天下只有一種方法能得到爭論的最大利益——就是避免爭論。如果你辯論、爭強、反對，你或許有時會獲得勝利，但這種勝利是空洞的，因為你永遠得不到對方的好感。

有些人喜歡說別人的笑話，討人家的便宜，雖是玩笑，也絕不肯以自己吃虧而告終；有些人喜歡爭辯，有理要爭理，沒理也要爭三分；有些人不論國家大事，還是日常生活小事，一見對方有破綻，就死死抓住不放，非要讓對方敗下陣來不可；有些人對本來就爭不清的問題，也想要爭個水落石出；有些人極具攻擊性，常常主動出擊，人家不說他，他總是先說人家，永遠要做勝利者，而且要別人信服他。他們喜歡大呼小叫，見高拜、見低踩，小事要鬧大，令人煩不勝煩。

如果你是一位嘴巴尖酸不肯饒人的人，那麼你在與別人交談時，一定要學會克制自己，不能總想在嘴巴上占盡別人的便宜，否則時間長了，別人就會逐漸疏遠你。

聰明的人都善於把精明智慧放在心上，須知智慧不是一個戴在臉上的華麗面具，不是老掛在嘴旁的口頭禪，精明智慧應體現在踏踏實實的人生進程中。所以，我們在待人接物時，要善於發現別人的長處，尊重別人，不要動不動就口無遮攔地對別人品頭論足、議論別人的美醜賢愚，不要老揪住別人的小過失不放。

如果我們不學會尊重他人，就會影響人與人之間的親密關係；同理，平日不可因追求一時的口舌之快而做意氣之爭，更不可因意氣用事而得理不饒人，做到理直氣和。

為人處世，做事不要太絕，而要與人為善。因此，走不過的地方不妨退一步，讓對方先過。寬闊的道路，給別人三分便利又何妨？

轉個念不吃虧

理直氣和，這是一種大智慧！一種大聰明！有句老話：有容乃大。恰如大海，正因為它極謙遜地接納了所有的江河，才有了天下最壯觀的遼闊與豪邁！像海一般寬容吧！那不是無奈，那是力量！既然如此，何不寬容——即便是與對手爭鋒時。

不生氣的小妙方

我們常常遇到這樣的情況：上班時塞車塞得厲害，紅綠燈仍然亮著紅燈，而時間很緊，你煩躁地看著手錶的秒針，終於亮起了綠燈，可是你前面的車子遲遲不動，因為開車的人思想不集中，你憤怒地按響了喇叭。那個似乎在打瞌睡的人終於驚醒了，倉促地踩了油門。而你卻在幾秒鐘內把自己置於緊張與不愉快的情緒中。

美國研究應激反應的專家理察．卡爾森說：「我們的惱怒有百分之八十是自己造成的。」卡爾森把防止激動的方法歸結為這樣的話：「請冷靜下來！要承認生活是不公正的。任何人都不是完美的，任何事情都不會按計畫進行。」「應激反應」這個詞從六十多年前起，才被醫務人員用來說明，身體和精神對極端刺激（噪音、時間壓力和衝突）的防衛反應。

埃森醫學心理學研究所所長曼弗雷德．舍德洛夫斯基說：「短時間的應激反應是無害的。」他說：「使人受到壓力的是長時間的應激反應。」他的研究所的調查結果表明：百分之六十一的德國人感到在工作中不能勝任，有百分之三十的人因為覺得不能處理好工作和家庭的關係而有壓力，百分之二十的人抱怨和上司關係緊張，百分之十六的人說在路途中精神緊張。

理察・卡爾森的一條黃金規則是：「不要讓小事情牽著鼻子走。」他說：「要冷靜，要理解別人。」他的建議是：表現出感激之情，別人會感覺到高興，你的自我感覺會更好。

學會傾聽別人的意見，這樣不僅會使你的生活更加有意思，而且別人也會更喜歡你；每天至少對一個人說你為什麼欣賞他；不要試圖把一切都弄得滴水不漏；不要老是糾正別人；常給陌生人一個微笑；不要打斷別人講話；不要讓別人為你的不順利負責；要接受事情不成功的事實，天不會因此而塌下來；請忘記事事都必須完美的想法，你自己也不是完美的。這樣生活會突然變得輕鬆許多。

當你抑制不住生氣時，你要問自己：一年後生氣的理由是否還那麼重要？這會使你對許多事情得出正確的看法。

從前，有一個脾氣很壞的男孩，他的爸爸給了他一袋釘頭被磨圓了的釘子，告訴他，每次發脾氣或者跟人吵架的時候，就在院子的籬笆上釘一根。第一天，男孩花了大量的時間釘了三十七根釘子。後面的幾天，他學會了控制自己的脾氣，每天釘的釘子也逐漸減少了。他發現，控制自己的脾氣，實際上比釘釘子要容易得多。

終於有一天，他一根釘子都沒有釘，他高興地把這件事告訴了爸爸。爸爸說：「從今以後，如果你一天都沒有發脾氣，就可以在這天拔掉一根釘子。」日子一天一天過去，最後，釘子全被拔光了。

爸爸帶他來到籬笆旁，對他說：「兒子，你做得很好，可是看看籬笆上的釘子洞，這些洞永遠也不可能恢復了。就像你和一個人吵架，說了些難聽的話，你就在他心裡留下了一個傷口，像這個釘子洞一樣。插一把刀子在一個人的身體裡，再拔出來，傷口就難以癒合了。無論你怎麼道歉，傷口總是在那兒。」

要知道，身體上的傷口和心靈上的傷口都一樣難以恢復。你的朋友是你寶貴的財產，他們讓你開懷，讓你更勇敢，他們總是隨時傾聽你的憂傷。你需要他們的時候，他們會支持你，向你敞開心扉。告訴你的朋友你多麼愛他們，告訴所有你認為是朋友的人。

生活中，面對不同的環境、不同的對手，有時候採用何種手段已不是關鍵，保持好自己的情緒才是至關重要的。

每個人都有自己的情緒，而情緒是一種滑溜的東西，有時滑溜得讓人捉摸不到，但是不管怎麼滑溜，你都要想辦法將它捏得緊緊的，因為這關係到你能否在社會上遊刃有餘地生存。

網上流傳著這樣一篇題為《感恩》的文章：

如果你是丈夫，請不要為今晚的菜難嚥生氣，至少，太太在身邊，而沒有到外面找人。

如果妳是妻子，請不要為老公當個「沙發上的馬鈴薯」而生氣，至少，他和妳在一起，而沒有出去泡酒吧。

如果你是家長，請不要為女兒拒絕洗碗而生氣，至少，她待在家裡，而沒有上街胡鬧。

如果你剛剛開完派對，請不要對著小山似的碗碟生氣，至少，這證明你有許多朋友。

如果你嫌身上的衣服太緊，那就想，這證明我不曾挨餓。

如果你嫌有人老是像影子，嚴密地監視你工作，你要想，影子只證明我站在陽光之下。

如果你要停車，在老遠的角落找到車位，你該想，這是因為你步履矯健，何況停車前開車一路順當。

如果一位女士在你背後大聲唱歌卻走了調，不要抱怨，這證明你的聽力良好。

不要為洗熨一大堆的衣服發愁，這證明你在穿著上不成問題。

不要因為電子郵件塞滿了信箱而皺眉，這證明你的朋友滿天下。

人生的格局也許難以改變，怎麼看它卻隨你。對著桌上的杯子，你可以心疼，「唉，就剩半杯水了。」也可以慶幸，「哈，還好，還有半杯水。」

釋放怒氣不僅是種方法技巧，更重要的是精神修養。加強自身修養，開闊心胸，提高心理承受能力，使自己成為少生氣和快消氣的樂天派。

轉個念不吃虧

同樣的事情換一個角度看，就可以使我們精神愉悅。控制自己的情緒，釋放潛在的怒氣，或許不像想像中那麼難，只要一點點阿Q精神勝利法，生活就可以更美好。

幸福的距離

那年，瑞妮剛滿二十五歲，鮮活水嫩的青春襯著，人如綻放在水中的白蓮花。唯一的不足是個子太矮，穿上高跟鞋也不過一五八公分，卻心高氣傲地非要嫁個條件好的、個子高的。

於是，在相親時認識了他，一八〇的個頭，魁梧挺拔，英俊瀟灑。她第一眼便喜歡上了，隔著一張桌子坐著，卻一直低著頭不敢看他，兩隻手反覆弄著衣角，心像揣了一隻兔子，左衝右撞，心跳如鼓。

兩個人就這樣相愛了，日子如同蜜裡調油，恨不得二十四小時都黏在一起。兩個人拉著手去逛街，樓下的老伯眼睛不好，有一次見了他，問道：「送孩子上學啊？」他鎮定自若地應答，卻拉瑞妮一直跑出好遠，才憋不住笑出來。

他沒有大房子，瑞妮也心甘情願地嫁了他。拍結婚照時，兩個人站在一起，瑞妮還不及他的肩膀。她有些難為情，他笑了笑，沒說她矮，卻自嘲是不是自己太高了。

攝影師把他們帶到有臺階的背景前，指著他說：「你往下站一個臺階。」他下了一個臺階，瑞妮從後面環住他的腰，頭靠在他的肩上，附在他耳邊悄聲說：「你看，你下個臺階，我們的心就在同一個高度上了。」

結婚後的日子就像上了發條的陀螺，各自繁忙的工作，沒完沒了的家務，孩子的奶瓶尿布，數不盡的瑣事，一浪接著一浪洶湧而來，讓人措手不及。漸漸地，便有了矛盾和爭吵，有了哭鬧和糾纏。

第一次吵架，瑞妮任性地摔門而去，走到外面才發現無處可去，只好又折回來，躲在樓梯口。聽著他慌慌張張地跑下來，聽聲音就能判斷出，他一次跳了兩個臺階，最後一級臺階，他踩空了，整個人撞在欄杆上，「噢噢」地大叫。瑞妮看著他的狼狽樣，忍不住捂嘴笑著從樓梯口跑出來。她伸手去拉他，卻被他用力一拽，跌進他的懷裡。他捏捏她的鼻子說：「以後再吵架，記住也不要走遠，就躲在樓梯口，等我來找妳。」她被他牽著手回家，心想：真好啊，連吵架都這麼有滋有味的。

第二次吵架是在街上，為買一件物品，一個堅持要買，一個堅持不要買，爭著爭著瑞妮就惱了，摔手就走。走了幾步後躲進一家超市，從櫥窗裡觀察他的動靜。以為他會追過來，沒想到，他在原地待了幾分鐘後，就若無其事地走了。瑞妮又氣又恨，懷著一腔怒火回家，推開門，看到他雙腿蹺在茶几上看電視呢！看見她回來，他仍然若無其事地招呼她，

「回來了，等妳一起吃飯呢！」他攬著她的腰去廚房，挨個兒揭開盤子上的蓋，一桌子的菜都是她喜歡吃的。瑞妮一邊把紅燒雞翅咂得滿嘴流油，一邊質問他，「為什麼不追我就自己回來了？」他說：「妳沒有帶家裡的鑰匙，我怕萬一妳先回來了進不了門；又怕妳回來餓，就先做了飯……我這可都下了兩個臺階了，不知道能否跟大小姐站齊了？」瑞妮噗哧一聲笑了，所有的不快一下子都煙消雲散了。

這樣的吵鬧不斷地發生，終於有了最凶的一次。他打牌一夜未歸，孩子又碰上發高燒，打電話給他，關機。瑞妮一個人帶孩子去了醫院，第二天早上他一進門，瑞妮憋了一肚子的氣，劈里啪啦地就爆發了……

這一次是他離開了。他說吵來吵去，他累了。收拾了東西，自己搬到公司的宿舍裡去住，留下瑞妮一個人，面對著冰冷而狼藉的家，心涼如水。想到以前每次吵架都是他百般勸慰，主動下臺階跟她求和，現在，他終於厭倦了，愛情走到了盡頭，他再也不肯努力去找臺階了。

那天晚上，瑞妮輾轉難眠，只好起身打開相冊，第一頁就是他們的結婚照。她的頭親密地靠在他的肩上，兩張笑臉像花一樣綻放著。從照片上看不出她比他矮那麼多，可是她知道，他們之間還隔著一個臺階。

瑞妮拿著那張照片，忽然想到，每次吵架都是他主動下臺階，而她卻從未主動上一個臺階。為什麼呢？難道有他的包容，就可以放縱自己的任性嗎？婚姻是兩個人的，總是他一個人在下臺階，距離當然越來越遠，心也會越來越遠。其實，她上一個臺階，也可以和他一樣高啊！

瑞妮終於撥通了那個熟悉的電話，只響了一聲，他便接了。原來，他一直都在等她去上這個臺階。幸福的距離究竟有多遠？有時候，幸福只需要一個臺階的距離，無論是他下來，還是你上去，只要兩個人的心在同一個高度協調地跳動，那就是一種幸福。

轉個念不吃虧

愛是需要互相理解的，愛是需要徹底包容的，愛是需要用生命來面對的，愛是需要經得起一切考驗的。世界上沒有完美的愛，沒有完美的愛人，沒有不吵架的夫妻，卻有很多幸福的愛情、幸福的婚姻，也有很多會經營愛情的人。

沒有誰該理所當然為你好

羊桃和熊霸是同一部門的同事，並且一起合租了一間公寓。平常下班回家後，羊桃會張羅著做飯，每逢飯菜快做好的時候，熊霸聞著香味就從房間裡出來，然後毫不客氣地坐上飯桌，吃得津津有味。

剛開始的時候，羊桃也沒太在意，反正是自己的同事，吃幾頓飯也沒什麼，不過心想：一會吃完飯他洗碗是當然的吧！但事實是，熊霸吃完飯一抹嘴就回自己房間了，碗筷也不去收拾。時間長了羊桃也不樂意了：憑什麼天天是我做飯，還要我洗碗啊！我欠他的嗎？

生活中常常會有這樣的情況：小年最近手頭比較緊，平時花錢也沒什麼計畫，是典型的月光族，每到月底的時候，他總是要東借西借的，借錢的時候還挺霸道，好像別人欠他似的，很多朋友是礙於面子才借給他的。

久而久之，小年的朋友越來越少了，為什麼呢？問題就在於小年的態度不好，借錢不及時還不說，他那說話的語氣總讓人覺得別人欠他似的。其實，別人願意借錢給他是在幫助他擺脫困境，不借給他也是本分，人之常情嘛！

事實上，你必須在心中、腦子裡謹記：生活中沒有人欠你，沒有誰該理所當然為你好，無論是你的父母、孩子、配偶、親戚，還是同事。

人與人之間，或許會有不共戴天之仇，但在辦公室裡，這種仇恨一般不至於達到那種地步，畢竟是同事，都在為著同一家公司工作，只要矛盾並沒有發展到你死我活的境況，總是可以化解的。

記住，敵意是一點一滴增加的，也可以一點一滴消滅。中國有句老話：「冤家宜解不宜結。」同在一家公司工作，低頭不見抬頭見，還是少結冤家比較有利於你自己。不過，化解敵意也需要技巧。

與你關係最密切的夥伴，心裡原來對你十分不滿。他不但對你冷漠得嚇人，有時甚至你跟他說話，他也不理不睬。有些關心你的同事，曾私下探問過，為什麼你的夥伴對你如此不滿？

可是，你究竟在什麼時候得罪了對方？連你自己也沒有一點頭緒。你實在按捺不住了，索性拉著對方問：「究竟有什麼不對呢？」但對方只冷冷地回答，「沒有什麼不妥。」到了這個地步，如何是好？

既然他說沒有不妥，你就乘機說：「真高興你親口告訴我沒事，如果我有不對的地方，我樂意彌補，我很珍惜我倆的合作關係。一起去吃午飯，如何？」或者，邀他與你一起吃晚餐。在你離開辦公室時碰上他，開心地跟他天南地北聊一番。總之，盡量增加與他聯絡的機會，友善的對待，對方怎樣也拒絕不得！

要是你另有高就，準備辭職，你心想：那幾個平日視你的痛苦為快樂的同事，一定很開心，如果此時向老闆告他們一狀，就太好了！這種想法很不好，奉勸你三思而行！

所謂世界很小，若今天被你捉弄的同事，他日也成為你新公司的職員，你將如何面對他？這豈非陷自己於危險境地？要是對方的職位比你高就更不妙，所以何必自製絆腳石？還有，幾乎沒有上司會喜歡亂打小報告的下屬，試問終日忙於偵察人家的缺點，還有多少時間花在工作上呢？

當耶穌說「愛你的仇人」的時候，他也是在告誡我們：怎麼樣改進我們的外表。有這樣一些女人，她們的臉因為怨恨而有皺紋，因為悔恨而變了形，表情僵硬。對她們來說，無論怎樣美容，也不及讓自己心裡充滿寬容、溫柔和愛。

要是我們的仇家知道，我們對他的怨恨使我們筋疲力竭，使我們疲倦而緊張不安，使我們的外表受到傷害，使我們得心臟病，甚至可能使我們短命的時候，他們不是會暗自幸災樂禍嗎？

因此，即使我們不能愛我們的仇人，至少我們要愛我們自己，我們要使仇人不能控制我們的快樂、我們的健康和我們的外表。

喬治．羅納在維也納當了很多年律師，但是在第二次世界大戰期間，他逃到瑞典，一文不名，很需要找份工作。因為他能說並會寫好幾國語言，所以希望自己能夠在一家進出口公司裡，找到一份祕書的工作。

絕大多數的公司都回信告訴他，因為正在打仗，他們不需要這一類的人，但是他們會把他的名字存在檔案裡……不過有一個人在給喬治．羅納的信上說：你對我生意的瞭解完全錯誤，你既愚又笨，我根本不需要任何替我寫信的秘書，即使我需要，也不會請你，因為你甚至連瑞典文也寫不好，信裡全是錯字。

當喬治．羅納看到這封信的時候，簡直氣得發瘋。於是喬治．羅納也寫了一封信，目的是想使那個人大發脾氣。但接著他就停下來對自己說：「等一等，我怎麼知道這個人說的是不是對的？我修過瑞典文，可是那並不是我家鄉的語言，也許我確實犯了很多我並不知道的錯誤。如果是這樣的話，那麼我想得到一份工作，就必須再努力學習。這個人可能幫了我一個大忙，雖然他本意並非如此，所以應該寫封信給他，在信上感謝他一番。」

於是喬治．羅納撕掉了他剛剛已經寫好的那封咆哮信，另外寫了一封信：你這樣不嫌麻煩地寫信給我實在是太好了，尤其是你並不需要一個替你寫信的祕書。對於我把貴公司的業務弄錯的事，我覺得非常抱歉，我之所以寫信給你，是因為別人把你介紹給我，說你是這一行的龍頭，我真不知道我的信上有很多文法上的錯誤，我覺得很慚愧，也很難過。我現在打算更努力地去學習瑞典文，以改正我的錯誤，謝謝你讓我走上改進之路。

過了幾天，喬治・羅納收到那個人的信，請喬治・羅納去拜訪他。喬治・羅納去了，而且得到一份工作。喬治・羅納由此發現：生活中沒人欠你，正視自己的處世態度，也許能給你帶來意想不到的收穫。

我們也許不能像聖人般去愛我們的仇人，可是為了我們自己的健康和快樂，我們至少要原諒他們、忘記他們，這樣做實在是很聰明的事。要培養快樂的心理，請記住這條規則：讓我們永遠不要試圖去報復我們的仇人，因為那樣做的話，我們也許會深深地傷害了自己。

一旦我們明白了「沒有誰該理所當然為你好」，我們就會更幸福，也許當真的有人給予我們什麼時，我們會快樂得大吃一驚，誰知道呢？

轉個念不吃虧

美國有一句話說：沒有人欠你一份工作。聽起來非常殘酷，卻是一個不爭的事實。給自己一個機會，你將有可能有一個完全不同的未來。

當我們面對失敗的時候，不要總是怨天尤人，而是要迅速地走出失敗的陰影，找回自信和勇氣，重新上路。只要自己努力爭取，不畏艱難，勇敢地面對前進道路上的一切艱難困苦，就一定能在不遠的將來收穫成功的果實。

別當「管家婆」

「管家婆」可以形容一個人非常麻煩，過於講究，極其挑剔，尤其針對小事；也指那些愛管閒事、愛嘮叨的人。

女人婚後，慢慢地就會被柴米油鹽的瑣碎生活磨掉愛的激情，也逐漸喪失了撒嬌的心情，變成了嘮叨的婦人，難免讓男人厭倦。那些不會撒嬌的妻子，不要等到丈夫有了外遇，再來感嘆自己為什麼總是被忽略？為什麼自己無止境的付出卻換來被拋棄？而是要反問自己：妳的身上還有沒有戀愛時的魅力？

卡內基在他的《人性的弱點》中說過：嘮叨是愛情的墳墓。但是很多女人並沒有意識到這一點，甚至認為自己的嘮叨是對丈夫的愛，以為嘮叨可以幫丈夫改掉缺點。

有位外國名人說：「一個男性的婚姻生活是否幸福，和他妻子的脾氣性格息息相關。如果妻子的脾氣急躁又嘮叨，還沒完沒了地挑剔，那麼即便她擁有其他所有的美德，也都等於零。」

據說，蘇格拉底的妻子是歷史上出了名的悍婦，為了躲避她，蘇格拉底大部分的時間都躲在雅典的樹下沉思哲理。法國皇帝拿破崙三世、美國總統亞伯拉罕・林肯都受盡了妻子的嘮叨之苦。而凱撒之所以和他的第二任妻子離婚，就是因為他實在不能忍受她終日喋喋不休地嘮叨。

許多男性生活中垂頭喪氣，沒有鬥志，也許就是因為他們的妻子打擊他們的每一個想法和希望。妻子們無休止地長吁短嘆，為什麼自己的丈夫不像別的男人會賺錢？為什麼得不到一個好職位？擁有一位這樣的妻子，做丈夫的實在洩氣。

阿旭是個二十六歲的年輕小夥子，剛剛在競爭激烈的廣告界裡得到一份工作，急需要愛心和鼓勵來保持奮鬥的勇氣。但是他的妻子卻是一個十分好強的人，時常很不耐煩地指責她的丈夫動作太慢、手腕不夠靈活等。

在妻子不停地嘲笑與指責下，阿旭的鬥志喪失殆盡。他說，最可怕的是，她已經將他的自信心腐蝕掉了，就像一塊石頭被不停滴落的水珠侵蝕掉那樣。他開始對自己和工作失去信心，最後，他丟掉了工作，妻子也和他離了婚。不過離婚後，他像一個生過病的人一樣，摸索著重新恢復了健康。

嘮叨的習慣是逐漸養成的，一旦成為習慣就很難改掉。如果一個女孩子在二十多歲剛結婚時，就整天嘮叨生活的瑣事，那麼等她到四十歲時，就沒有什麼事能讓她滿足，她將成為一個無可救藥、令人討厭的抱怨專家。

妳是不是一個愛嘮叨的女人呢？問問妳的丈夫吧！如果他的答案是肯定的，那麼請妳理智地對待，為了你們的愛情和婚姻，想辦法讓自己遠離嘮叨、遠離「管家婆」。

以下是幾點建議，僅供參考：

◎心平氣和地對待不愉快的事

不愉快的事情是最容易讓女人嘮叨的，她們總是不厭其煩地訴說著自己的不快和鬱悶。當妳的丈夫心情也不好的時候，就不要在他面前嘮叨個沒完，那樣只會引來爭吵。

想辦法控制自己的情緒，或者把壞情緒通過其他途徑排解出去，等到雙方都冷靜下來時，再重新心平氣和地討論。保持冷靜，不使用過激的語言去傷害對方。

◎不要總是重複講話

如果妳提醒老公三次以上，說他曾經答應過要陪妳去散步，而他紋絲不動，說明他根本不想去。那麼，妳就住嘴吧！別再重複，嘮叨只會使他下定決心絕不屈服。

◎用溫和的方式達到目的

「用甜的東西抓蒼蠅，要比用酸的東西有效多了」，當妳嘮叨丈夫不給妳買生日禮物的時候，不如向他撒個嬌，嬌嗔地說：「老公，我知道你希望我越來越漂亮，所以我準備用你錢包裡的錢，去買一套化妝品作為你送我的生日禮物，你說好不好？」聽了這樣的話，哪個老公會拒絕呢？

所以，除了嘮叨，妳完全可以使用一些溫和的方法來達到妳的目的。

◎用幽默感拉近彼此的距離

以幽默的方式對待發生的事情，會讓妳的心情舒暢。有的妻子催促丈夫到浴室給自己送浴巾，丈夫的動作慢了點或沒理睬，她們就會大動肝火，開始嘮叨丈夫不愛自己，這種情況令人難以想像。

生活中，很多事情是沒必要生氣的，但是我們常見一些女人為一些不值一提的小事緊繃著臉，把甜蜜的愛情轉變成相互指責的怨恨。與其如此，不如培養自己的幽默感，讓妳一整天都保持心情舒暢。

轉個念不吃虧

著名的心理學家特曼博士對一千五百對夫婦做過詳細調查。研究表明，在丈夫眼中，嘮叨、愛管閒事、挑剔是妻子最大的缺點。另外，蓋洛普民意測驗和詹森性情分析——兩個著名的研究機構，其研究結果都是相同的，發現：任何一種個性都不會像嘮叨、挑剔、愛管閒事那樣，能夠給家庭生活帶來巨大傷害。所以，無論是男人還是女人，千萬別當「管家婆」。

珍惜眼前人

說真的，那個叫妳「老婆」的人——也就是妳的老公，這世上，只有他可以這樣稱呼妳，他是那樣彌足珍貴。

你們肯定吵過架，有時為一本隨處亂丟的雜誌，有時為一間愛到極致卻無力購買的房子。妳有時認為他是那麼邋遢和無能，妳有時後悔當初為什麼沒有嫁給其他人。

可是每次吵架，妳總是最後的勝利者，因為他會突然停下來，朝妳做個投降的手勢，或者他沒有投降，也會躲到一邊，煮一道菜或者是吸一根菸。他總是讓著妳，無論他有沒有道理，其實妳也知道，這世上能處處讓著妳的人並不多，能夠一輩子讓著妳的人，也只有他。他叫妳老婆，妳叫他老公，道理就這麼簡單。

他有時很小氣，甚至有些吝嗇，這與婚前的他有天壤之別。妳記得那時他每個月只賺二萬八千元，可是他卻能經常請妳吃一球上百元的知名冰淇淋；現在，他每個月賺四萬元，妳的冰淇淋卻變成了三十元一球的。當然這是妳願意的，因為他會將薪水如數地交給妳。

事實上，他的菸錢和酒錢，他請朋友吃飯的錢，妳的冰淇淋，全用他那可憐的一點零用錢。有時妳心疼他，拿出一千元鈔票遞給他，說：「你也在朋友面前充充面子。」他當然高興，像孩子般眉開眼笑，立刻呼朋引伴去了。等晚上回來，妳卻發現，他竟還剩下四百五十元。他說：「還是省著點花，這些錢夠我們吃好幾天呢！」

結了婚，無論他怎麼虛榮和豪爽，他想到的首先是妳和你們的孩子，而不是自己的面子。其實，能夠這樣一輩子惦著妳的人，也只有他。

在外面，他會受累、受苦、受氣，可是回了家卻從不說。他想讓家變得溫暖、變得溫馨、變得充滿歡笑。他寧願將所有不愉快埋在心裡，將所有的苦難由一個人承受。其實，能夠一輩子這樣做的人，也只有他。

他不再對妳大獻殷勤，可是當妳冷了，他會為妳披一件衣服；當妳熱了，他會給妳端一杯冷飲；當妳餓了，他會為妳炒菜做飯；當妳累了，他會充當妳的枕頭或者靠墊。他不需要讚賞和表揚，他做這一切，只因他是妳的男人。其實，能夠一輩子關愛妳的人，也只有他。

當你們老去的時候，他會挽著妳的手，一起在小路上散步。他會給妳講你們的過去，每一次都用柔情似水的聲音。沒有人在的時候，他會吻妳那滿是皺紋的嘴唇，或許他還會叫著妳的小名，讓妳感覺那些逝去的歲月就在眼前。

可是妳知道，你們已經老了。你們度過了瑣碎的一生、柴米油鹽的一生、平淡的一生、幸福的一生。他陪了妳一輩子，用了自己的青春。妳感激他、珍惜他，因為，他叫妳老婆，妳叫他老公。

轉個念不吃虧

珍惜眼前人。這世上，只有丈夫可以這樣稱呼妳一聲「老婆」，他是妳的唯一，他彌足珍貴。

「傻人」真的有「傻福」？

美國心理專家威廉曾經是個極能算計的人。他知道哪家店的襪子最便宜，知道哪家速食店能多給顧客一張餐巾紙，知道什麼時候電影票價最低……等等。後來，威廉生了一場病，三十歲前，他經常上醫院，那時他心裡總是快樂不起來。三十二歲時，威廉悟到了什麼，於是開始了關於「算計者」的研究。

威廉以多年的研究成果、大量的事實證明：凡是對利益太會算計的人，實際上多數很不幸，他們百分之九十以上患有心理疾病，甚至是多病和短命。所以，算計者永不快樂。

不知道大家有沒有發現一件有意思的事：小說裡如果兩個情敵相爭，笑到最後的，多半是看上去有點憨頭憨腦的那一個。太聰明就有點讓人放不下心，放不下心誰又敢託付終身呢？

「傻人」有「傻」福，因為他簡單、他實在，讓人信任、給人安全。和他在一起，身心就放鬆了，不再有那麼多的算計和警惕之心。人首先要解除彼此的威脅，才有可能相互靠近。「傻人」正因為他的「傻」，那種憨憨的樣子，才讓你感覺到發自內心的真誠和友好。

「傻人」傻，也就不敏感、不多疑，對於誤解和傷害有著更多的忍耐力。「傻人」很多時候意味著執著和忠貞，也意味著寬厚和誠實，這就讓人感動，讓人喜歡，不知不覺站到了他的身邊。「傻人」無意中得到的，可能比「聰明人」費盡心機得到的還多，「傻人」的「傻」就是他的最大資本。

一個國王要在三個兒子中，選一個王位繼承人，國王給三兄弟每人發了一顆種子，看誰種得好就選誰。

種子拿回去後，三人都種了。到了約定的時間，三兄弟端著自己的花盆去見國王。國王看見老大、老二的植物都長得很好，只有老三的盆裡什麼也沒長出來。於是，他把王位傳給了老三。

答案其實很簡單，三顆種子都是炒熟的！國王要考驗他們的，不是本事，而是品德。誠信有好報，「傻人」有「傻」福，很多表面上看起來不可理喻的事，背後其實都是有著清晰的邏輯關係的，太會算計的人終究會被自己的「聰明」所誤。

為人處世，只要你坦坦蕩蕩、老老實實、以心換心、以誠相見，那你在回首往事的時候，就可以毫無愧色地在自己人生的那張紙上，工工整整地寫個「人」字，這並不難。相反，如果你處事蠅營狗苟、玩弄權術、精於算計，活得就不能不累，不能不難。這是因為有一條無形的規律難以跨越：善有善報，惡有惡報。

《紅樓夢》裡說得好：「機關算盡太聰明，反誤了卿卿性命。」這話說的是王熙鳳使盡了權術，聰明過了頭，反被聰明所誤，終於搭進了自己的性命。某種意義上，這卻也恰好說明了一個道理：以害人始，以害己終。

電影《阿甘正傳》講述一位名叫阿甘的美國青年的故事，他的智商只有七十五，進小學都困難，但是，他幾乎做什麼都成功：長跑、打乒乓球、捕蝦，甚至愛情。最後，他成為一名成功的企業家，而比他聰明的同學、戰友卻活得並不成功，這是對聰明的一種嘲弄。阿甘常愛講的一句話是：「我媽媽說，要將上帝給你的恩賜發揮到極限。」

阿甘的成功，從某種意義上說，得益於他的輕度弱智、不懂得算計。他唯一做到的就是堅持努力，認真地做，傻傻地執行。很多時候企業裡缺的不是「聰明人」，而是這樣的「傻瓜」。「聰明人」遇到問題總是怨別人，算計著要有一分收穫才肯一分耕耘，沒多少收穫便不肯耕耘。每個決策、每個命令，都要看自己有多少得益，有多少損失，如果不划算，便「上有政策，下有對策」。殊不知，很多事情前期是十分耕耘，三分收穫，後期才是三分耕耘，十分收穫。

阿甘並不是愚者，他成功的方法只有一個，那就是不計成本的努力，他成功的祕訣就在於他的「單純」或者說是「執著」。

轉個念不吃虧

太會算計的人常常把自己擺在世界的對立面，樹敵過多。他們非常貪婪，過高、過多的欲望像山一樣沉重地壓在心頭，沒有一點快樂。

與其這樣，倒不如把心放寬一點，適當裝點傻，讓自己快樂起來，何樂而不為呢？

不要預支煩惱

飛機正在高高的雲端飛行。機艙內，空姐微笑著給乘客送食品。一位中年人細細地品嘗美食，而鄰座的年輕人卻愁眉苦臉地望著窗外的天空。

中年人頗為好奇，熱情地問：「小夥子，怎麼不吃啊？這餐點水準不低，味道也不錯。」

年輕人慢慢地扭過頭，有點尷尬地說：「謝謝，您慢用，我沒胃口。」

中年人仍熱情地搭訕，「年紀輕輕的怎麼會沒胃口？是不是遇到什麼不開心的事啦？」

面對中年人熱心地詢問，年輕人有些無奈，說道：「遇到點麻煩事，心情不太好，但願不會破壞了您的好胃口。」

中年人非但不生氣，反倒更熱心了，說道：「如果不介意，說來聽聽，也許我還能為你排憂解難。」

年輕人看了看時間，還有一個多小時才能到目的地，就聊聊吧！

年輕人說：「昨夜接到女朋友的電話，說有急事要和我談談。問她有什麼事，女朋友說見了面再說。」

中年人聽後笑了，「這有什麼好煩惱的？見了面不就全清楚了嗎？」

年輕人說：「但她從來沒這麼和我說過話，要麼是出了什麼大事，要麼就是有什麼變故，也許是想和我分手，電話裡不便談。」

中年人笑出聲，「你小小年紀，想法可不少。也許沒那麼複雜，是你想得太多了。」

年輕人嘆道：「我昨天整個晚上都沒合眼，總有一種不祥的預感。唉，您是沒身臨其境，哪能體會我現在的心情。您要是遇到麻煩，就不會這樣開心啦！」

中年人依然在笑，「你怎麼知道我沒遇到麻煩事？也許你的判斷不夠準確。」說著，中年人拿出一份合約，「我是要去美國打官司的，我們公司遇到前所未有的大麻煩，還不知道能不能勝訴呢！」

年輕人疑惑地問：「但您好像一點也不著急？」

中年人回答，「說一點也不急是假的，但急又有什麼用呢？到了之後再說，誰也不知道對方會要什麼花樣，可能我們會贏，也可能一敗塗地。」

年輕人不禁有點兒佩服起眼前這位儒雅的紳士來。一晃一個多小時過去了，飛機到了目的地。中年人臨別時給了年輕人一張名片，表示有時間可以聯繫。

幾天後，年輕人按照名片上的號碼給中年人打了個電話，「張董事長，謝謝您！如您所料，沒有任何麻煩。我女朋友只想見見我，才出此下策。您的官司打得怎麼樣？」

張董事長笑聲爽朗，「和你一樣，沒什麼太麻煩，對方已撤訴，我們和平解決。小夥子，我沒說錯吧！很多事情要等面對了再說，提前犯愁無濟於事。」

年輕人由衷地佩服這位樂觀豁達的董事長。

有句話叫「自尋煩惱」，無非是在告誡人們：許多煩心和憂愁都是自己給自己綁的繩索，是對自己心力的無端耗費，無異於自己設置虛擬的精神陷阱。只要好好地把握現在，什麼事情都可能出現轉機。所以，在人生的儲蓄卡上，請不要預支煩惱！

轉個念不吃虧

人生最愚蠢的事莫過於提前預支煩惱。其實，今天有今天的歡樂和煩憂，明天又有明天的歡樂和煩憂。那麼，今天有歡樂就要好好享受，不要去想明天會發生什麼事情，更不必想將會有多少煩惱在等待！

人心不足蛇吞象

從前，有兩位很虔誠、很要好的教徒，決定一起到遙遠的聖山朝聖。兩個人背起行囊，風塵僕僕地上路，發誓不達目的地，絕不返家。

兩位教徒走了兩個多星期後，遇見一位白髮年長的聖者。這聖者看到兩位教徒如此虔誠，千里迢迢前往聖山朝聖，十分感動，就告訴他們，「這裡距離聖山還有十天的路程，但遺憾的是，在這十字路口我就要和你們分手了。在分手前，我要送給你們一個禮物，那就是你們當中一個人先許願，他的願望一定會馬上實現；而第二個人，就可以得到那個願望的兩倍！」

此時一位教徒心想：這太棒了，我已經知道我想許什麼願，但我不能先講，因為如果我先許願，他就可以有雙倍的禮物，我就吃虧了，不行！

另外一位教徒也自忖：我怎麼可以先講，讓他獲得加倍的禮物呢？

於是，兩位教徒就開始客氣起來，「你先講嘛！」「你比較年長，你先許願吧！」「不，應該你先許願！」兩位教徒彼此推來推去，「客套」了一番後，開始不耐煩起來，氣氛也變了，「你幹麼？你先講啊！」「為什麼我先講？我才不要呢！」

兩個人推到最後，其中一人生氣了，大聲說道：「喂，你真是個不識相、不知好歹的人，你再不許願的話，我就把你的狗腿打斷，把你掐死！」

另外一人一聽，沒想到他的朋友居然變臉，恐嚇自己，於是想：你這麼無情無義，我也不必對你太有情有義！我沒辦法得到的東西，你也休想得到！於是，這一教徒乾脆把心一橫，惡狠狠地說道：「好，我先許願！我希望我的一隻眼睛瞎掉！」

很快地，這位教徒的一隻眼睛瞎掉了，而與他同行的好朋友，立刻瞎掉了兩隻眼睛！

原本這是一件十分美好的禮物，可以讓兩位好朋友共用，但是人的「貪念」，使得「祝福」變成「詛咒」，使「好友」變成「仇敵」，更使得本來可以「雙贏」的事，變成了兩個人的悲劇！

在巴拉圭有一對即將結婚的情侶，因為中了一張七萬五千美金的「高額彩券」而高興地大喊大叫，相互擁抱。

可是這對馬上要結婚的情侶，在中獎後的第二天，就為了「誰該擁有這筆意外之財」鬧翻了。兩個人大吵一架，甚至不惜撕破臉、鬧上法庭，為什麼呢？因為這張彩券當時是握在未婚妻手中，但是未婚夫氣憤地告訴法官：「那張彩券是我買的，後來她把彩券放入她的皮包內，我也沒說什麼，因為她是我的未婚妻嘛！可是她竟然這麼無恥、不要臉，說彩券是她的，是她買的！」

這對未婚夫妻在法庭上大聲吵鬧，各說各的理，絲毫不妥協、不讓步，讓法官傷透了腦筋。最後，法官下令，在確定「誰是誰非」之前，彩券的發行單位暫時不准發放這筆獎金！而這對原本要結婚的佳偶，卻因爭奪獎券的歸屬而變成冤家，最後雙方決定取消婚約，這樣的結果不禁讓人唏噓。

轉個念不吃虧

人心不足蛇吞象。事實上，我們所擁有的並不是太少，而是欲望太多。欲望太多，就使自己不滿足、不知足，甚至憎恨別人所擁有的，嫉妒別人比我們更多，以致心裡產生憂愁、憤怒和不平衡。欲望太多，其實是一種心理上的貧窮。

走自己的路，堅持到底

只有走自己的路，才能到達自己夢想中的地方。

布魯斯·李一九四〇年十一月二十七日出生於美國的舊金山。因為父親是一名演員，他從小就有了跑龍套的機會，於是產生了想當一名好演員的夢想，可由於身體虛弱，父親便讓他拜師習武來強身。一九六一年，他考入華盛頓州立大學主修哲學，後來，他像一般人一樣結婚生子，但在他內心深處，一刻也不曾放棄當一名演員的夢想。

一天，他與一位朋友談到夢想時，隨手在一張便箋上寫下了自己的人生目標——「我，布魯斯·李，將會成為全美國最高薪酬的超級巨星。作為回報，我將奉獻出最激動人心、最具震撼力的演出。從一九七〇年開始，我就會享譽世界，到一九八〇年，我就會擁有一千萬美元的財富，那時候我與家人將會過上最愉快、和諧、幸福的生活。」

寫下這張便箋的時候，他的生活正貧困潦倒。不難想像，如果這張便箋被別人看到，會引起什麼樣的嘲笑，然而他卻把這些話深深銘刻在心底。為了實現夢想，他克服了無數次常人難以想像的困難，比如：他曾因脊背神經受傷，在床上躺了四個月，但後來他卻奇蹟般地站起來了。

一九七一年，命運女神終於向他露出了微笑，他主演的電影《唐山大兄》、《精武門》、《猛龍過江》，均刷新香港票房紀錄。一九七二年，他主演了香港嘉禾公司與美國華納公司合作的《龍爭虎鬥》，這部電影使他成為一名國際巨星，被譽為「功夫之王」。一九九八年，美國《時代》週刊將其評為「二十世紀英雄偶像」之一，他是唯一入選的華人。

他就是李小龍——一個「最被歐洲人認識的亞洲人」，一個迄今為止在世界上享譽最高的華人明星。

一九七三年七月，事業剛步入顛峰的他因病身亡。在美國加州舉行的「李小龍遺物拍賣會」上，這張便箋被一位收藏家以二點九萬美元的高價買走。同時，二千份獲准合法複印的副本也當即被搶購一空，以致拍賣會的主持人大叫，「這就是你以後有必要把想到的事情馬上寫下來的原因。」

寫下你的夢想吧！哪怕是在一張毫不起眼的便箋上。

對於剛進入社會的年輕人來說，夢想就是成功的開端，有夢就去追才算是個現代人。成功往往是伴隨「夢想」而來，很多人一輩子平平庸庸地過日子，並不是才華不如人，而是提早放棄自己的夢想。

許多父母阻止子女追求更好的生活，認為那是無法達成的夢想，所以他們要子女們滿足現狀，做一份尋常而穩定的工作，過著平凡的生活。其實很多著名企業家及成就大事業者，均是出身貧窮或是只有平凡的背景，他們的成功源於敢於實踐自己的夢想，敢於挑戰更高的目標。

麥可·蘭登讀高中一年級時的一天，體育老師帶著他們到操場去，教他們如何擲標槍，而這一次的經驗，就此改變了麥可·蘭登後來的人生。在此之前，不管他做什麼事都是畏畏縮縮的，對自己一點自信都沒有。可是那天奇跡出現了，他奮力一擲，只見標槍越過了其他同學的成績，多出了足足有三十英尺，就在那一刻，蘭登知道了自己的前途一片光明。

後來，在接受《生活》雜誌的採訪時，蘭登回想道：「就在那一天，我才突然發現，原來我也有能比其他人做得更好的地方，當時便請求體育老師借給我那支標槍，在那年整個夏天裡，我就在運動場上擲個不停。」

蘭登發現了使他振奮的未來，他全力以赴，結果擁有了驚人的成績。

那年暑假結束返校後，他的體格已有了很大的改變，而在隨後的一年中，他特別注意加強重量訓練，使自己的體能逐步提升。在高三時參加的一次比賽中，蘭登擲出了全美中學生最好的標槍紀錄，因而也讓他贏得了南加州大學的體育獎學金。

後來，蘭登因鍛煉過度而嚴重受傷，經檢查證實得永久退出田徑場，這使他失去了體育獎學金。為了生計，他不得不到一家工廠去擔任卸貨工人，他的夢想似乎就此完了，永遠無法成為一位國際矚目的田徑明星了。

不知道是不是幸運之神的眷顧，有一天他被好萊塢的星探發現，問他是否願意在即將拍攝的一部影集中擔任配角，這部影片是美國電影史上所拍的第一部彩色西部片。蘭登應允加入演出後從此就沒有回頭，先是當演員，然後做導演，最後成為製片人，他的人生事業就此一路展開。

一個美夢的破滅往往是另一個未來的開始，蘭登原先有在田徑場上發展的目標，這個目標引導著他鍛煉強健的體格，後來的打擊又磨練了他的性格，而這兩種訓練卻成了他另外一個事業所需的特長，使他有了更耀眼的人生。

走自己的路，會看到獨特的風景，激起獨特的心理感受，形成獨特的思想。這時你無須標新立異，卻已與眾不同，即使平凡，也絕不平庸。

轉個念不吃虧

走自己的路，笑傲風雨，拼搏奮進。經歷了風風雨雨必然見到彩虹，讚譽隨之即來，面對這些不可留戀而駐足不前，春風得意馬蹄疾，更應奮發向前，因為夢中那個風景獨好的地方正等待著你。

走自己的路，讓別人去說吧！對自己滿懷信心，堅持下去，否則將一事無成。

提起勇氣，做想做的事

現實生活中，許多人畏首畏尾，不敢做自己想做的事情，這其中的主要原因，就是這些人認為自己要做的事，是別人不曾做或反對做的，如果自己做了，可能會被認為是另類，甚至成為眾矢之的，這絕對是一種錯誤的想法。

毫無疑問，做自己想做的事，是每個人的願望，因為這可以讓自己更快樂，更容易獲得成功。但是在現代職場裡，很多人之所以一直從事著自己不喜歡的工作，是因為他們僅僅把工作當作養家餬口的工具，而不是真心喜歡並樂意去做它，所以這樣的工作品質可想而知。

事實上，不管我們當初選擇某項工作的初衷為何，我們都應該喜歡，並且熱愛目前所做的工作。因為為人處事的態度，完全出自個人的選擇，只要你選擇快樂、選擇用心，任何工作都可以讓你樂在其中。

如果無法在目前的工作中選擇快樂的態度來對待它，那麼就一定要重新選擇工作，做你想做的事，否則，你可能會與成功永遠無緣。

潔西卡是美國夏威夷一家製衣公司的設計師，該公司一直生產著夏威夷人喜歡穿的傳統罩袍。這些罩袍只有一種尺碼，花色單一，款式陳舊，由於是成批生產，製作得極為粗糙，看上去千篇一律，一點美感都沒有。

潔西卡決定對罩袍進行改造，她想先為自己縫製一件罩袍，並穿在身上，看看效果如何，這樣將來在公司對罩袍進行改進時就更有說服力。

於是，潔西卡買來了能體現個性特色的印花布，通過精心剪裁，使罩袍不僅保持原來舒適自然的特點，又能夠適合自己的身材尺寸，此外，她還為罩袍精心設計了漂亮的花邊。這種特殊的設計，馬上引起了房東太太的極大興趣，要求潔西卡也為自己照樣縫製一件，穿上潔西卡為她量身訂做的罩袍，房東太太驚喜異常，她怎麼也沒有想到，這種司空見慣的傳統服裝，居然也可以做得如此漂亮美觀。

當潔西卡把她想改進公司生產的傳統罩袍的想法告訴同事們時，幾乎人人都驚訝地連連搖頭，「難道妳不知道在夏威夷各大旅館、服裝店和旅遊中心陳列著成千上萬件罩袍？它們都是傳統樣式，沒有人敢去改進它啊！」

然而，潔西卡卻不這麼想，她決心要試一試。因為，她堅持這樣一個準則：只要想做，就立即去做。

潔西卡把自己的想法告訴了公司經理，並得到了經理的大力支持。她親自去負責選購布料和為上門的顧客測量尺寸大小，然後將布料交給其他同事去裁剪和縫製。就這樣，在這家生產傳統罩袍的公司裡，生產出了一件件漂亮又適合人們身材的新式罩袍，公司的生意開始紅起來。在潔西卡的努力下，公司後來還把這種獨特的服裝推銷到了美國本土的其他許多城市。

而潔西卡則憑著「做自己想做的事」的行為準則，贏得了經理的青睞，從一個普通的設計員工被提拔為公司的首席設計師，獲得了巨大的成功。

令人遺憾的是，在生活中，很多人沒有潔西卡那樣的勇氣去做自己喜歡做的、想做的事，擔心自己無法勝任，擔心失敗，擔心遭人議論，擔心自己的決策是錯誤的，剩下的只有對別人的羨慕：推銷員羨慕醫生成天待在診間，不用在外面風吹日曬，而且能拿著高薪；工程師羨慕自己的同事有勇氣離開公司，另立門戶，獨立創業；公車司機羨慕計程車司機，有自由的上下班時間，自由的行車路線，而自己得按時上下班，每天重複著那條必經的路線，不能少一個站，也不能多一個站……

只要想做，就立即去做！假如你不喜歡你現在的工作，就不要給自己設定障礙，這是你的權利，沒有人可以阻攔你。

轉個念不吃虧

認清自己的路，做自己想做的事，不必太在意別人怎麼說，更不必拘泥於別人的老套思維。只要有好的想法，哪怕它看起來很荒謬，都應該立即付諸實踐，說不定奇蹟就等在你的前面！讓我們記住《富比士》雜誌創立者福布斯的名言：「做正確的事情，把事情做好，立即做！」

照亮別人？照亮自己！

在一個伸手不見五指的夜晚，一個僧人走在漆黑的路上，因為路太黑，僧人被行人撞了好幾次。為了趕路，他繼續向前走，突然看見有人提著燈籠向他走過來，這時候旁邊有人說：「這個瞎子真奇怪，明明看不見，卻每天晚上提著燈籠！」

僧人被那個人的話吸引了，等那個提燈籠的人走過來的時候，他便上前問道：「你真的是盲人嗎？」

那個人說：「是的，我從生下來就沒有見到過一絲光亮，對我來說白天和黑夜是一樣的，我甚至不知道燈光是什麼樣的！」

僧人更迷惑了，問道：「既然這樣，你為什麼還要提燈籠呢？是為了迷惑別人，不讓別人說你是盲人嗎？」

盲人不慌不忙地說：「不是這樣的，我聽別人說，每到晚上，人們都變成了和我一樣的盲人，因為夜晚沒有燈光，所以我就晚上提著燈籠出來。」

僧人無限感嘆道：「你的心地多好呀！原來你是為了別人！」

盲人急著回答說：「不是，我為的是自己！」

僧人更迷惑了，問道：「為什麼呢？」

盲人答道：「你剛才過來有沒有被人碰撞過？」

僧人回答說：「有呀，就在剛才，我被兩個人不小心碰到了。」

盲人說：「我是盲人，什麼也看不見，但我從來沒有被人碰到過，因為我的燈籠既為別人照了亮，也讓別人看到了我，這樣他們就不會因為看不見而碰我了。」

僧人似有所悟，原來我們在照亮別人的同時，更照亮了我們自己，一個盲人能有如此的領悟，真是讓人佩服之至！

二戰時期，在一場激烈的戰鬥中，英國的一名上尉忽然發現一架敵方戰鬥機向陣地俯衝過來。按照常理，如果發現敵機俯衝時，他應該毫不猶豫地臥倒。可是上尉並沒有立刻臥倒，因為他發現離他四、五公尺處，有一個士兵還站在那兒。他顧不得多想，一個魚躍飛身將士兵緊緊地壓在了身下，此時只聽到一聲巨響，飛濺起來的泥土紛紛落在他們的身上。

過了一會兒，等敵機離去，上尉站了起來，當他拍打著身上的塵土回頭看的時候，頓時驚呆了：剛才自己所處的那個位置被炸成了一個大坑。

故事中的士兵是幸運的，但更為幸運的是上尉，因為他在拯救別人的同時也拯救了自己！

在人生的道路上，難免會遇到一些挫折與坎坷，但你是否知道搬開別人腳下的絆腳石，有時恰恰是為自己鋪路呢？

有一則這樣的新聞：某藥店的一位女售貨員在賣藥的時候，因為一時疏忽，給一位患者拿錯了藥。她擔心通過新聞媒體尋找患者，自己可能會被解僱，而且藥店的聲譽也有可能受到不良的影響，但是如果不尋找患者，就有可能會給患者造成健康的危害，這會讓她內疚一輩子。

最後，這位售貨員和這家藥店毅然在當地報紙上刊登了《緊急尋人啟事》，終於找到了那名拿錯藥的患者。此舉在當地市民中引起了強烈的反響，這位女售貨員和這家藥店的聲譽不但沒有受到影響，反而更加地得到了人們的信賴。

事情往往就是這樣的，當你用愛心去照耀世界時，世界反射出的光芒也會溫暖你自己。說到底，照耀別人，就是照耀自己；幫助別人，就是幫助自己。

一天，名叫辛格的人和一個同伴穿越喜馬拉雅山脈的某個山口。

在途中，他們看到一個人倒在雪地裡，辛格想停下來幫助那個人，但他的同伴說：「如果我們帶上他這個累贅，我們就會送掉自己的性命。」可是辛格不忍心丟下那個人，讓他凍死在冰天雪地裡。

當他的同伴跟他告別時，辛格把那個人抱起來，放在自己的背上，他使出全身的力氣背上那個人往前走。漸漸地，辛格的體溫使這個凍僵的身軀暖和起來，那個人活了過來。過了不久，兩個人就可以並肩前進了。當他們趕上那個同伴時，卻發現他已經凍死了。

為人處世，不能僅有一己之私。俗話說得好：與人方便，就是與己方便，助人就是助己。辛格心甘情願地奉獻自己的一切（包括生命）來幫助另外一個人，他也因此保住了生命；而他那冷酷無情的同伴只顧著自己，最後反而丟掉了性命。

點燃手中的蠟燭，照亮別人，更是照亮自己！

轉個念不吃虧

一位哲人說：「一個不肯助人的人，他必然會在有生之年遭遇到大困難，並且大大傷害到其他人。」

幫助別人，從本質上看是一種付出和奉獻，但從效果上看，你在幫助別人的同時也獲得了人格的提升。況且，有些人因為幫助別人，甚至還得到了意想不到的回報。

第6章 生活不計較，心靈不吃虧

「有緣即住無緣去，一任清風送白雲。」人生有所求，求而得之，我之所喜；求而不得，我亦無憂。若如此，人生哪裡還會有什麼煩惱可言？苦樂隨緣，得失隨緣，以「入世」的態度去耕耘，以「出世」的態度去收穫，這就是隨緣人生的最高境界。

天下本無事，庸人自擾之

俗話說得好：「天下本無事，庸人自擾之。」有些事並不像人們想得那樣糟糕，有些事本來不值得放在心上，然而，很多人卻把它當成無法排遣的煩惱而鬱悶不已，以至於整天愁眉不展。由此可見，這人生的很多煩惱都是我們自找的，如果我們想過得快樂，就不要自尋煩惱。

從前有個年輕人，四處尋找解脫煩惱的祕訣，一天，他來到一個山腳下，看見一片綠草叢中，一位牧童騎在牛背上吹著橫笛，笛聲悠揚，逍遙自在。

年輕人走上前詢問：「你看起來很快活，能教我解脫煩惱的方法嗎？」

牧童說：「騎在牛背上笛子一吹，就什麼煩惱都沒有了。」

年輕人試了試，不靈。於是，他又繼續尋找。

年輕人來到一條河邊，看見一位老翁坐在柳蔭下垂釣。老翁手持魚竿神情怡然自得。

年輕人走上前去鞠了一個躬，問道：「請問老人家，您能教給我解脫煩惱的辦法嗎？」

老翁看了他一眼，慢條斯理地說：「來吧，孩子，跟我一起釣魚，保管你沒有煩惱。」

年輕人試了試，還是不靈。於是，他又繼續尋找。

不久，他來到一個山洞裡，看見洞內有一個老人獨坐在洞中，面帶滿足的微笑。

年輕人深深地鞠了一個躬，向老人說明來意。

老人微笑著摸摸長鬚，問道：「這麼說，你是來尋求解脫的？」

年輕人說：「對！懇請前輩不吝賜教。」

老人笑著問：「有誰捆著你了嗎？」

「……沒有。」

「既然沒有人捆住你，又何談解脫呢？」

年輕人一怔，隨即豁然開朗：在生活中本來並沒有太多的煩惱，許多煩惱都是自找的，是我們自己捆住了自己。年輕人想通後，臉上也出現了滿足的笑容。

在這個世界上，凡事不可能一帆風順、事事如意，總會有煩惱和憂愁。當不順心的事縈繞著我們的時候，我們該如何面對呢？正所謂「隨緣自適，量力而行，煩惱即去」。

「有緣即住無緣去，一任清風送白雲。」人生有所求，求而得之，我之所喜；求而不得，我亦無憂。若如此，人生哪裡還會有什麼煩惱可言？苦樂隨緣，得失隨緣，以「入世」的態度去耕耘，以「出世」的態度去收穫，這就是隨緣人生的最高境界。

一位青年滿懷煩惱去找一位智者，他大學畢業後，曾豪情萬丈地為自己列出了許多目標，可是幾年下來，依然一事無成。

他找到智者時，智者正在河邊小屋裡讀書。智者微笑著聽完青年的傾訴，對他說：「來，你先幫我燒壺開水！」

青年看見牆角放著一把極大的水壺，旁邊是一個小火灶，可是沒發現柴火，便出去找。他在外面拾了一些枯枝回來，裝滿一壺水，放在爐灶上，在灶內放了一些柴便燒了起來。可是由於壺太大，那捆柴燒盡了，水也沒開。於是他跑出去繼續找柴，回來的時候那壺水已經涼得差不多了。這回他學聰明了，沒有急於點火，而是再次出去找了一些柴，由於柴準備充足，水不一會就燒開了。

智者忽然問他，「如果沒有足夠的柴，你該怎樣把水燒開？」

青年想了一會，搖了搖頭。

智者說：「如果那樣，就把水壺裡的水倒掉一些！」

青年若有所思地點了點頭。

智者接著說：「你一開始躊躇滿志，制定了太多的目標，就像這個大水壺裝了太多水一樣，而你又沒有足夠的柴，所以不能把水燒開。要想把水燒開，你只能倒出一些水，或是先去準備足夠的柴！」

青年恍然大悟。回去後，他把計畫中所列的目標去掉了許多，只留下最近的幾個，同時利用業餘時間學習各種專業知識。幾年後，他的目標基本上都實現了。

只有不好高騖遠，從最近的目標開始，踏踏實實地努力，才能一步步走向成功。萬事掛懷，只會半途而廢。而且，我們也只有不斷地加「柴」，才能使人生不斷加溫，最終讓生命沸騰起來。

很多時候，人生的煩惱是自找的。不是煩惱離不開你，而是你撇不下它。那些本來是芝麻綠豆般的小事，卻往往被當成難以想像的大事，而且常常抓不著頭緒地往壞處想。這樣一來，那些本來不足掛齒的小事，就成了煩惱的根源。

如果不在意這些無謂的煩惱，很多人都會過得輕鬆自在。我們要想過幸福的生活，就切莫自尋煩惱。

轉個念不吃虧

這個世界上，為什麼有煩惱的人到處都有？為權、為錢、為名、為利……人人行色匆匆，背上背著個沉重的行囊，裝得越多，牽累也就越多。

幾乎所有的人都在追逐著人生的幸福，然而，就像卞之琳《斷章》所寫的那樣，我們常常看到的風景是：一個人總在仰望和羨慕著別人的幸福，一回頭，卻發現自己正被別人仰望和羨慕著。

愛別人，成就的是自己？

所謂愛心是對自己以外的生命的一種關愛，一份奉獻，包括對人，對動物，對小花小草等一切我們認為有生命的東西。只關心自己那不是愛心，而是自私。

二〇〇九年年初，中國紅十字會招聘一名副處級工作人員，並公開承諾重能力不重學歷，重人品不重資歷。由於待遇豐厚，再加上就業形勢不容樂觀，一時應聘者蜂擁而至。僅招聘資訊公布當天，網上報名人數就已經達到二千七百多人。

經過嚴格的初試、複試、體檢，只有三個人進入了面試，由中國紅十字會祕書長親自主持面試。

面試開始了，在問答與搶答環節，三個年輕人思維敏捷，沉著大方，見解獨到。聽到精彩處，祕書長也不禁頻頻點頭，面露讚賞。

最後一道題，播放的是一段影片：一個年輕時尚的小姐，輕揚著馬尾，穿過馬路。突然，一輛大卡車疾速衝過來，眼看慘劇就要發生，她旁邊的一位先生猛撲過來推開她，自己卻倒在了血泊當中。

祕書長說：「這是一九九九年發生在山東濟南的一場真實的交通事故。現在請你們根據畫面中的蛛絲馬跡來判斷，這位先生與這位小姐是什麼關係？」

短短三分鐘的影片，就想判明兩個人之間的身分關係，可真有難度啊！

第一個年輕人想了想說：「他們是情侶關係，你看，他們的上衣，分明是一套情侶裝嘛！」

第二個人回答，「他們是兄妹關係，我注意到他們的鼻梁上都有一道明顯的皺紋。現代醫學證明，鼻梁上的皺紋都是遺傳因素造成的。」說著，他頗為得意，這個發現可不是誰都能觀察到的。

祕書長笑了，「你真細心啊，這麼微小的細節都能注意到。」說完，他把探詢的目光投向了第三個年輕人。

「很抱歉，我實在找不到任何有價值的線索。」第三位年輕人顯得有點窘迫，有點語無倫次。前兩位年輕人看在眼裡，笑在心裡，慶幸少了一位競爭對手。

「但我寧願相信他們不過是萍水相逢的陌生人。」第三個年輕人頓了頓，接著說：「在這危急關頭，任何一位有良知的人，都會挺身而出，又何必非是情侶或兄妹呢？」

聽了這個回答，祕書長露出了欣慰的笑容，他走過來用力握著第三位年輕人的手，真誠地說：「歡迎你的加入。」

其實這是一道心理測試題，目的是測試面試者潛意識裡首先想到的是什麼，這也是一個人不加修飾最真實的意識。

是啊，親情溫馨，愛情動人，但是說到底，這些都是小愛，是一己之愛。而相信陌生人之間也能無私奉獻的人，是心有大愛的人。紅十字會是一個公益性組織，最需要的，正是這種心有大愛的工作人員。

而只有當愛惠及陌生人時，才是大愛。當我們把愛惠及陌生人時，往往也不知不覺成就了自我。

美國有個十六歲的女孩，自願到宏都拉斯，幫助那裡的人瞭解眼睛衛生常識，以提高健康水準。那裡十分貧窮落後，以致這個女孩醒來時發現自己竟和豬睡在一起。也許有人會想：去那麼苦的地方，是不是太傻了？但她回來後卻眉飛色舞地對母親說，明年她還要去。她母親立刻鼓勵她再去，並誇獎她的女兒，認為她的女兒有愛心，為女兒樂於吃苦、甘於奉獻的精神而感到自豪。

愛雖然是與生俱來的，但你還是要在成長的過程中不斷地學習，養成愛的習慣，既會感受人愛，也會賦予別人愛，要懂得心疼媽媽，要曉得關心婆婆，要知道愛護夥伴，要會關心別人，更不能對別人的痛苦置之不理。你還要學會愛要怎麼說出口，學會用行動去愛身邊的人，學會愛陌生人，變得博愛。

轉個念不吃虧

當然，愛心不是無源之水，無本之木。一個人只有當自己得到的愛足夠多的時候，才能自然地關愛別人，否則那便是一種不自然的愛，就像把自己得到的愛裝入一個杯子，自己的杯子還沒有滿之前就倒點給別人，不太現實。只有當自己的杯子滿滿的時候，溢出去的愛才是一種最真實、最自然的愛。

對事不對人，創造雙贏

一個企業內部最有效率的溝通方法，莫過於實事求是、坦誠相待了。坦誠地說出否定意見，需要的不僅僅是勇氣，還有一顆公正的心。只關注事物本身的對錯，而不是根據這件事是誰做的來給出不同的評判。同時，也不要把對一件事情的評判發展為對人的評價。「人都是有缺點的，人不可能不犯錯誤，做事時要對事不對人。」說出來人人都懂，但做起來，真是很難。

在公司的會議室裡，每天都能聽到有人在爭論，直接反駁或爭執得面紅耳赤是常有的事，但出了會議室，大家卻依舊互助融洽。訣竅就在於，所有的爭論都是對事不對人的。

丹尼爾是一家搜尋引擎網站負責維護的人，他幾乎每天都盯著伺服器，因為每天承受的訪問壓力都接近伺服器極限，如果訪問人數再增加，就會導致網站服務不穩定，嚴重影響到用戶的搜索。

偏偏在這個時候，銷售部那邊新談成了一個入口網站，希望馬上使用搜尋引擎服務。丹尼爾很猶豫，他知道這個服務不應該上線，因為新服務很可能成為壓垮伺服器的「最後一根稻草」，但最後因為種種原因，丹尼爾沒能堅持到底，新服務最終還是上線了。結果，連續兩天網站的服務穩定性很差，使用者在提出搜索請求時經常得不到正常的搜索結果，新服務不得不緊急下線。

丹尼爾惴惴不安了好幾天，已經做好了「挨批」的準備。他明白，以上司的個性，是容不得下屬出這麼大的紕漏的。

上司確實對這件事很在意，但是在例會上，他並沒有對任何人發脾氣，而是平靜且真誠地對丹尼爾說：「你的職責就是保證服務可依賴，所以這次事故你有很大的責任，要好好反思。」然後很快將話題一轉，看著大家說：「現在最關鍵的是怎麼解決這個問題，我們需要討論一下。」

丹尼爾說出了自己準備好的解決方案，上司很認真地聽著，時而點點頭，他覺得這個想法考慮得很全面，然後很投入地和丹尼爾討論起其中的細節來。丹尼爾心頭原本重重的烏雲漸漸散去。

會後，丹尼爾看見上司還是有點不好意思，沒想到上司卻好像已經忘了這件事，主動過來對他說：「這個週末你有空嗎？」

看著上司臉上那熟悉的表情，丹尼爾樂了，「你是不是又想把大家聚一塊玩了？」

「是啊，好久沒玩了，你們不想玩嗎？」

「早就想了！我去約人，這週末！」這下，那個活力四射的丹尼爾又回來了。

對事不對人可以讓企業裡的人，把有限的精力聚焦在事情和結果上，做到這一點，企業需要兩方面的支撐：其一，企業上下要不帶偏見地評價員工的工作成果；其二，要建立完善和健全的制度和標準體系。

鐵克在貿易公司工作兩年多了，因為專業加上工作認真，上司對他比較器重，可是，有一次在與外商的談判中，由於「第三者」的緣故，發生了一些不愉快的事情。事後，上司不分青紅皂白對鐵克大發雷霆……鐵克對他的做法非常不滿，那麼，鐵克是順從上司的批評還是應該跟他溝通呢？

其實，化解矛盾和不滿的根本出發點有兩個：一個是事實，另一個是人格平等。上司和下屬在人格上是平等的，如果自己沒有做錯，卻一味順從上司的批評，對自身的發展是不利的。如果上司的不滿是由於下屬工作沒做好，那麼勇敢去承認並做出一定承諾，會重新贏得上司的信任。如果不滿是由於誤會，那麼有效地溝通和澄清是必要的。

化解矛盾和不滿的原則是尊重上司的權威。作為下屬，如果完全不顧上司的權威，追求絕對的公平公正或者逞一時英雄，那等於是破壞了團隊的運作。因此，不要公開頂撞上司，不要讓上司下不了台，盡量爭取平靜理智地溝通。

如果平時你對上司的評價較高，就不要因為在一件小事上受了委屈就對上司不滿，甚至耿耿於懷。要做好準備積極主動地去溝通，如主動給上司發郵件，到上司的辦公室找他或者約他喝杯咖啡。溝通的時候要實事求是，對事不對人，並盡量運用微笑和幽默，就很可能實現雙贏結局。

轉個念不吃虧

對事不對人，其實就是為了防止對人不對事這種情況的發生。人的本性會首先針對人，而微笑就是克制人性弱點的法寶。傷心的時候微笑，高興的時候微笑，痛苦的時候微笑。試著微笑，它會讓你的心胸開闊得能夠包容一切！

擁有一顆平常心

人世間最難得的就是擁有一顆平常心，不為虛榮所誘、不為權勢所惑、不為金錢所動、不為美色所迷、不為一切的浮華沉淪。

有一個人曾經問慧海禪師，「禪師，你可有什麼與眾不同的地方？」

慧海禪師答道：「有！」

「是什麼？」這個人問道。

慧海禪師回答，「我感覺餓的時候就吃飯，感覺疲倦的時候就睡覺。」

「這算什麼與眾不同的地方，每個人都是這樣，有什麼區別呢？」這個人不解地問。

慧海禪師答道：「當然是不一樣的了！別人吃飯的時候總是想著別的事情，不專心吃飯；他們睡覺的時候也總是做夢，睡不安穩。而我吃飯就是吃飯，什麼也不想；我睡覺的時候從來不做夢，所以睡得安穩。這就是我與眾不同的地方。」

慧海禪師繼續說道：「世人很難做到一心一用，他們總是在利害得失中穿梭，囿於浮華寵辱，產生了『種種思量』和『千般妄想』。他們在生命的表層停留不前，這成為他們最大的障礙，他們因此迷失了自己，喪失了『平常心』。要知道，生命的意義並不是這樣，只有將心融入世界，用平常心去感受生命，才能找到生命的真諦。」

所以在禪宗看來，一個人能明心見性，拋開雜念，將功名利祿看穿，將勝負成敗看透，將毀譽得失看破，就能達到時時無礙，處處自在的境界，從而進入平常的世界。

在今天物欲橫流，處處充滿誘惑和陷阱的社會中，能保持一顆平常心並非易事。在平常心的世界裡，一切都被看得平平常常，即「寵辱不驚，看庭前花開花落；去留無意，望天空雲卷雲舒」。

中國著名的桌球運動員王楠就有著這樣一顆平常心。她認為，在桌球比賽中，輸贏都是很正常的，誰也不可能只贏不輸，重要的是保持一顆平常心，保持一份良好的心態，這對於像桌球這樣的對抗比賽尤為重要。在第四十五屆世界桌球錦標賽女子單打決賽中，王楠在先輸兩局的情況下，憑藉自己過人的心理素質，在最後三局比賽中出色地發揮了自己的水準，連勝三局，最終取得了女子單打的世界冠軍。

擁有一顆平常心，就擁有了一種豁達，一種超然。失敗了，轉過身擦乾痛苦的淚水；成功了，向所有支持者和反對者致以滿足的微笑。

其實，無論是比賽還是生活都如同彈琴，弦太緊會斷，弦太鬆彈不出聲音，保持平常心才是悟道之本。

現在的人們為了追求所謂幸福的日子，不惜透支健康、支付尊嚴、出賣人格以換取鈔票、車子、房子、權力等。到垂暮老矣之時，你會發覺年輕時孜孜以求的東西是那麼虛無與飄渺，這時你會對生命產生新的感悟，終於明白平常心是真諦，是福氣。

擁有一顆平常心，就不會浮躁，不會焦灼，不會被欲望占滿，更不會讓靈魂擱淺在無氧的空間裡。擁有一顆平常心就擁有一種正確的處世原則，一份自我解脫、自我肯定的信心與勇氣，不會高估自己，也不會自甘墮落。

擁有一顆平常心就不會只追求物質的奢華，而把自己的靈魂淹沒在如潮的塵海中。因為更多的時候，生活不是讓我們追求外在的繁華，而是求得內心的平靜與安寧。

所以說，用一顆平常心去對待、解析生活，就能領悟生活的真諦，才會體悟平平淡淡才是真！

轉個念不吃虧

擁有一顆平常心是一種淡泊，一份寧靜。減法讓我們勇敢地面對現實，還原生活的本質。不計較，擁有一顆平常心才是生活的本質。

其實快樂就在身邊

從前在山中的廟裡，有一個小和尚被要求去買油。臨行前，廟裡的廚師交給他一個大碗，並鄭重地告訴他，「你一定要小心，我們廟不是很富裕，你絕對不可以把油灑出來。」

小和尚答應後就下山了，來到城裡，到廚師指定的店裡買了油。在回廟的路上，他想到廚師嚴肅的表情及告誡，越發覺得緊張。小和尚小心翼翼地端著裝滿油的大碗，一步一步地走在山路上，絲毫不敢分心。

不巧的是，在他快到廟門口時，踩到了一個坑，雖然沒有摔跤，可是卻灑掉三分之一的油。小和尚非常懊惱，而且緊張到手都開始發抖，甚至無法把碗端穩。終於回到廟裡時，碗中的油就只剩一半了。廚師拿到裝油的碗時，非常生氣，指著小和尚大罵，「我不是說要小心嗎？為什麼還是浪費了這麼多油？」小和尚聽了很難過，開始掉眼淚。

一位老和尚聽到了，就過來問是怎麼回事。瞭解了整件事情後，老和尚安撫了廚師的情緒，並私下對小和尚說：「我再派你去買一次油。這次我要你在回來的途中，多觀察你看到的人、事、物，並且給我做一個報告。」

小和尚想要推掉這個任務，強調自己油都端不好，根本不可能既要端油，還要看風景、做報告。不過在老和尚的堅持下，他只能勉強上路了。

在回來的途中，小和尚發現山路上的風景真的很美。遠方有雄偉的山峰，又有農夫在梯田上耕種。走沒多久，又看到一群小孩子在路邊的空地上玩得很開心，而且還有兩位老先生在下棋。這樣一路上邊走邊看風景，不知不覺就回到了廟裡。當小和尚把油交給廚師時，發現碗裡的油滿滿的，一點都沒有灑出來。

其實，我們想比較快樂地過日子，也可以採納這位老和尚的建議。與其整天在乎自己的成績和利益，不如每天努力在學習、工作、生活中，享受每一次獲得經歷的過程，並不斷成長。一個懂得從生活中找到人生樂趣的人，才不會覺得自己的生活充滿壓力或憂慮。

快樂的生活就是成功的人生。誰都會渴望自己能擁有更多的快樂，然而，並不是每個人都能夠從生活中發現快樂。於是，有的人開始怨天尤人，怪上天不偏愛自己，怪命運多舛，抱怨事業不順、家庭不和……其實這些都不是你不快樂的決定因素，因為能決定你快樂與否的只有你自己！

如何才能使自己獲得快樂呢？不妨來試試下面的方法：

◎微笑

如果你一直使自己的情緒處於低落狀態，例如你肩膀下垂，走起路來雙腿彷彿灌了鉛似的，那麼你就真的會覺得情緒很差。你要是一臉哭相，便沒有人願意理睬你。那麼怎樣改變呢？很簡單，你只要深吸一口氣，抬頭挺胸，臉上露出微笑，並擺出生龍活虎的架勢就行了。微笑和打哈欠一樣，是會傳染的，如果你真誠地對一個人展顏而笑，他是不會對你發脾氣的，不是說「伸手不打笑臉人」嗎？

◎放鬆

快樂的人總是這樣對自己說：「我覺得快樂，我會在各方面做得越來越好，我會越來越快樂。」你反覆地對自己說一些話，如：「我很放鬆」、「我很平靜」等，時間久了這些話就會進入你的潛意識中。

◎大聲講話

受壓抑的人說話聲音明顯地細小，表現得自信心不足，一點也不快樂。所以你要盡量提高你的音量，但不要對別人大呼小叫，你只要有意識地使聲音比平時稍大就行。

◎抬頭挺胸

你仔細觀察就會發現，那些遭受打擊、被別人排斥的人辦事總是拖拖拉拉的，走路很慢，顯得很懶散、很邋遢、沒有自信。另一種人則表現出超凡的信心，他們走起路來比一般人快，像是在短跑。抬頭挺胸走快一點，你會感到快樂在滋長。

◎利用自己的優點

假如有人告訴你，「你在電話裡很會說話」，你不要認為這沒什麼了不起，要知道，有許多人都覺得這麼做非常困難，所以這絕對是你值得驕傲的優點。快樂的來源是發現並利用你的優點，使你的自我意識變得更強，你也就更快樂。

◎分享

一個人問上帝，「為什麼天堂裡的人快樂，而地獄裡的人卻不呢？」於是上帝帶他來到地獄，他看到許多人圍坐在一口大鍋前，鍋裡煮著美味的食物，但每個人都又餓又失望，因為他們手裡的勺子太長，沒辦法把食物送到自己口中。接著，他們又來到天堂，這裡的勺子也很長，可是人們用勺子把食物送到了別人的嘴裡。這個故事告訴我們，與別人分享快樂可以使快樂加倍。

轉個念不吃虧

快樂其實是一種心境，一種精神狀態。快樂發自你的內心，你可以隨時創造一種「我很快樂」的心境。大多數人想要多快樂，就會有多快樂，這是因為，他們發現了其實快樂就在身邊。

當然，一下子就做到這些是不可能的，你可以慢慢來，那是應該能做到的。因為能夠決定你是否快樂的就是你自己的心態，調整好了心態，你選擇了快樂，自然也就擁有了快樂！相信你最終能夠找到屬於自己的快樂。

對生活充滿感恩

一個懷有感恩之心的人，生活也將賦予他最大的回報。

在一個鬧饑荒的城市，一位心地善良的麵包師把城裡最窮的幾十個孩子聚集到一塊，然後拿出一個盛有麵包的籃子，對他們說：「這個籃子裡的麵包你們一人一個。在上帝帶來好光景以前，你們每天都可以來拿一個麵包。」

瞬間，這些饑餓的孩子一窩蜂地湧了上來，他們圍著籃子推來擠去大聲叫嚷著，誰都想拿到最大的麵包。他們每人都拿到了麵包後，竟然沒有一個人向這位好心的麵包師說聲「謝謝」。

一個叫愛麗絲的小女孩卻例外，她既沒有像大家一樣吵鬧，也沒有與其他人爭搶。她只是謙讓地站在一步以外，等別的孩子都拿到以後，才把剩在籃子裡最小的一個麵包拿起來。她並沒有急於離去，而是向麵包師表示了感謝，並親吻了麵包師的手之後才回家去。

第二天，麵包師又把盛麵包的籃子放到了孩子們的面前，其他孩子依舊如昨日一樣瘋搶著，羞怯、可憐的愛麗絲只得到一個比頭一天還小一半的麵包。當她回家以後，媽媽切開麵包，許多嶄新、發亮的銀幣掉了出來。

媽媽驚奇地叫道：「立即把錢送回去，一定是揉麵團的時候不小心揉進去的。趕快去，愛麗絲，趕快去！」愛麗絲把媽媽的話告訴麵包師，麵包師慈祥地說：「不，我的孩子，沒有錯。是我把銀幣放進小麵包裡的，我要獎勵妳，願妳永遠保持現在這樣一顆感恩的心。回家告訴媽媽，這些錢是妳的了。」她激動地跑回家，告訴了媽媽這個令人興奮的消息，這是她的感恩之心得到的回報。

生活中有太多值得我們去感激的人和事，是他們讓我們擁有了現在的一切。我們每個人都應該明白，生命的整體是相互依存的，每一樣東西都依賴於其他的東西，無論是父母的養育、師長的教誨、伴侶的關愛、朋友的幫助、大自然的慷慨賜予……

人從有了自己的生命起，便沉浸在恩惠的海洋裡。看到這一點的人，就會懂得感恩，就會覺得自己能活在這個世界上，是多麼地美好與幸福，因為我們無時無刻不在接受恩惠。

◎感恩父母

二十世紀四、五十年代，在一艘橫渡大西洋的船上，一位父親帶著小女兒，去和在美國波士頓的妻子會合。

海面上風平浪靜，晨昏瑰麗的雲霓交替出現。

一天早上，男人正在艙裡用水果刀削蘋果，船突然劇烈地搖晃，男人摔倒時，刀子刺進胸口。他全身都在顫抖，嘴唇烏黑。六歲的女兒被父親瞬間的變化嚇壞了，尖叫著撲過來想要扶他，他卻微笑著推開女兒的手，「沒事，只是摔了一跤。」然後輕輕地拔出刀子，緩慢地爬起來，不引人注意地用大拇指抹去了刀鋒上的血跡。

之後三天，男人照常每晚為女兒唱搖籃曲，清晨為她綁好美麗的蝴蝶結，帶她去看大海的蔚藍，彷彿一切如常。女兒沒有注意到父親每一分鐘都比上一分鐘顯得更衰弱、蒼白，他望著海面的眼光是那樣憂傷。

抵達波士頓的前夜，男人來到女兒身邊，對她說：「明天見到媽媽的時候，請告訴媽媽，我愛她。」女兒不解地問：「可是你明天就要見到她了，為什麼不自己告訴她呢？」他笑了，俯身在女兒額上深深地印下一個吻。

船到波士頓港了，女兒一眼便在熙熙攘攘的人群裡認出母親，她大喊著，「媽媽！媽媽！」

就在這時，周圍忽然一片驚呼，女兒一回頭，看見父親已經仰面倒下，胸口血流如注，染紅了整片天空……

驗屍的結果讓所有人驚呆了：那把刀無比精確地刺穿了心臟，他卻多活了三天，而且不被任何人察覺。唯一可能的解釋是因為傷口太小，使得被切斷的心肌依原樣貼在一起，維持了三天的供血。

這是醫學史上罕見的奇蹟。醫學會議上，有人說要稱它大西洋奇蹟，有人建議以死者的名字命名，還有人說要叫它神蹟……

「夠了！」一位坐在首席的主治醫生此刻一聲大喝，然後一字一字地說：「這個奇蹟的名字，叫父親。」

奇蹟的緣由在哪裡？是父愛的力量。他知道，如果自己死了，六歲的女兒孤零零地留在船上，會受到更大的刺激，會承受更多的痛苦，甚至會遇到災難，產生任何不測都是可能的。所以，他以超常的毅力堅持著活下來，他要好好地將女兒送上岸，安安全全地交到妻子手裡。這是何等偉大的父愛，何等偉大的力量！

◎感恩他人

一個生活貧困的男孩為了積攢學費，挨家挨戶地推銷商品。他的推銷進行得很不順利，傍晚時他疲憊萬分，饑餓難耐，絕望地想放棄一切。

走投無路的他敲開一扇門，希望主人能給他一杯水。開門的是一位美麗的年輕女子，她笑著遞給他一杯濃濃的熱牛奶。男孩和著眼淚把它喝了下去，從此對人生重新鼓起了勇氣，許多年後，他成了一位著名的外科醫生。

一天，一位病情嚴重的婦女被轉到了那位著名的外科醫生所在的醫院。醫生順利地為婦女做完手術，救了她的命。無意中，醫生發現那位婦女正是多年前在他飢寒交迫時，給他那杯熱牛奶的年輕女子！他決定悄悄地為她做點什麼。

一直為昂貴的手術費發愁的那位婦女，硬著頭皮去辦理出院手續，可是在手術費用單上她卻只看到七個字：手術費，一杯牛奶。那位婦女沒有看懂那幾個字，她早已不記得那個男孩和那杯熱牛奶。然而，這又有什麼關係呢？

讓感恩走進我們每個人的心靈吧！因為，感恩可以消解內心所有積怨，感恩可以洗滌世間一切塵埃，感恩更是一種生活的大智慧。懂得了感恩，學會了感恩，每個人便都會擁有無邊的快樂和幸福。

轉個念不吃虧

俗話說：「滴水之恩，當湧泉相報。」別人對我們的幫助和好處，我們一定要謹記在心，懂得感激。世界上沒有誰對你的幫助是理所當然的，在生活中，如果我們每個人都不忘感恩，人與人之間的關係會變得更加和諧、更加親切。愛人者，人恆愛之。對生活充滿感恩，友好地對待他人，你的人生必定是幸福的。

用心，生活更開心

都說現在的婆媳關係難處，但故事中的這對婆媳不但相處得很融洽，還能隨時隨地發現快樂。

當小臻第一次看見婆婆時，不免對自己的母親感嘆道：「那氣質，竟像個王妃似的。」母親笑道：「像妳婆婆那樣，就別指望會幫妳帶孩子做飯了。」

小臻嘴上說母親是妒嫉，但心裡也明白母親說的是實話。小臻看得出來，婆婆待她，親切裡存著點客氣，隨和裡又隔著點微妙的距離。不遠不近的，很藝術。

但孩子一生下來，就藝術不起來了。小臻的母親正帶著小姪女，來不了。新來的保姆沒什麼工作經驗，還不大情願做，她提出做完這個月就走，要小臻趕快找人。家中一下子陷入混亂之中。

老公自告奮勇，將求助電話打給了婆婆。沒想到，婆婆一口拒絕了。小臻趕緊把嗔怒的老公推到一邊，剛叫了一聲「媽」，婆婆就溫和地說：「這樣吧，你們請個有經驗的保姆，保姆的薪水我來付。」顯然，對於剛才的衝突，婆婆也有些後悔。

既然婆婆軟下來了，小臻也就順著婆婆可憐巴巴地說：「媽，現在找個好保姆，比找失散多年的親人還難呢！」婆婆噗哧一聲笑了，「還是妳會說話，哪像我那個愣小子，一開口就氣死人。」

談笑間，聽婆婆的口氣，她有想來的意思，只是剛剛對兒子發了狠，此時下不了這個臺階，於是小臻笑著跟她談起家中的新手保姆……

電話那頭，婆婆幾乎要跳起來，她說：「妳還有心思笑！這哪是保姆啊！不行，我得去看看我孫女。」至此，小臻才鬆了口氣。

婆婆說來就來，一進門就換上了休閒服，繫上圍裙，沒多久，變戲法似的，飯菜就上了桌。此時，小臻心中竊喜：婆婆如此能幹，我的運氣好得很啊！

婆婆何等精明，她微微一笑，聲明，「今天我就先做個示範，以後只負責指導，而且最多住一個月，我就走人。」老公一急，剛想張嘴，就被小臻捏了一把。

此時滿桌佳餚，滿室陽光，正適宜享受生活，培養親情。小臻才不會像老公那麼傻，絕不會在錯誤的時間、錯誤的地點，發動一場錯誤的戰爭。

晚上，老公憂心忡忡，問小臻怎樣才能留人。小臻說：「恭維，別去認真和頂撞。」老公嗤之以鼻，「我媽早被人寵壞了，什麼好話沒聽過。」小臻微笑著說：「她還沒聽過兒媳婦的恭維吧！等著瞧。」

小臻出自一般家庭，待人和善，喜歡讚美別人，這並沒有什麼目的，只懂得一個常識：贈人玫瑰，手有餘香；贈人荊棘，最先被刺著的，往往是自己。

於是，小臻只要逮著機會，就不露痕跡地誇婆婆一下。有時，婆婆半笑半惱地說：「我看見了妳，就像掉進了迷魂陣，心甘情願地受累。都是妳這張嘴，就像塗了蜜，一張嘴就甜到心裡了，直誇得人上了癮。」

很快，一個月時間到了，新手保姆如期告辭，接替的人尚在尋覓中。小臻悄悄觀望婆婆，她只一味地裝糊塗，壓根兒不提走的話。他們做兒女的，自然比她還糊塗。就這樣，婆婆留了下來，一個人忙裡忙外的，著實辛苦。

小臻和老公都忙，寶寶又常感冒，一時間，把婆婆熬得眼袋皺紋全出來了。小臻心裡有些惴惴不安：女人，大凡心裡存著這麼點兒委屈，日久天長，就會生出怨惱來，得想個法子，給她疏導出來。

小臻去了美容院，辦了兩張貴賓卡，經常趁午休的時間叫婆婆去護膚。柔和的音樂聲中，女兒在嬰兒車裡酣睡，小臻與婆婆舒適地躺在床上，閉著眼享受按摩，這成了那家美容院的一景。

後來，又經過一番細密地籌劃，他們一家四口興致勃勃地出遊了。老公負責帶孩子，小臻負責照顧婆婆。他們兩人早商議好了：在小臻家人面前，由他當勞工；在他家人面前，小臻就是榜樣。總之就是想盡一切辦法，盡快打入親人內部。

小女兒肉肉的，沉靜得很。他們倆輪流抱著，只在照相時，才讓她偎到奶奶懷裡手舞足蹈一番。婆婆是個精細人，這樣的心思，她豈有猜不透的？所以照片裡那些歡喜的笑容，讓他們知道，她心裡那點兒委屈已經散了。

回到家，孩子睡了，三人擠在電腦前看照片。忽地，婆婆指著一張相片笑道：「你們看、你們看！」

小臻和老公不禁動容。霞光鋪了半邊天，彷彿可以裁成跳舞的衣裳，小臻和婆婆頭挨著頭，安靜地看野花開，牛羊啃草，彷彿要這麼親親密密地生活一輩子。

婆媳的距離那麼近，中間只隔著一個男人。若能處好，一家人貼心貼意，到時你會明白，那是一輩子的溫暖。

轉個念不吃虧

婆媳關係歷來是家庭關係中的老問題，婆媳關係處好了，家庭的其他關係自然就能協調好了。在日常生活中，要學會巧妙地表達妳對婆婆的愛意與尊敬，比如：適當地贈送禮物給她。

禮物表示出妳是否真的觀察到，妳身旁的人在日常生活中最需要的實用之物。送禮物不容易，但只要妳用心，就能夠發現什麼東西能夠送到婆婆的「心坎」裡。相處久了，妳的婆婆自然能感受到妳對她的體貼和關心。

活得漂亮，沒有誰可以阻止你快樂

傑克是一所大學的老師，人長得很醜：一半臉白一半臉黑。可是，就是這樣一位其貌不揚的教書先生，卻有一位很漂亮的太太。這讓認識他的人都跌破眼鏡。在一年一度的聯歡晚會上，幾個比較活躍的學生帶著好奇問起了他的經歷。

傑克一聽笑了，說：「我一生下來臉部就有很明顯的胎記，而且隨著年齡的增長，胎記也隨之長大。為此，我一直對自己缺乏信心，對生活也沒有多少熱情。唯一能讓我欣慰的，就是自己的學習成績還算過得去。就這樣，一直到考上了大學，大學的生活雖然豐富多彩，但我還是提不起精神。有一天，我的哲學老師找我談話：『你是怎麼回事，哪裡像一個年輕人的樣子？一個人生得不漂亮可以怨天怨地，怨造化弄人，但活得不漂亮，卻不可以怨任何人。』」

仔細想想，的確如此。從此，他就像換了個人似的，一掃以往的自卑，不但心裡充滿了陽光，眼角眉梢都洋溢著笑容。除了刻苦學習外，學校所有的活動都積極參與。幾年下來，他不但以優異的成績令同學們刮目相看，更以自己雄辯的口才、獨特的自信贏得了

「最有魅力的大學生」稱號。很自然的，他也贏得了一位女生的芳心。

最後，傑克深情地說：「一直以來，我都很感激我的哲學老師。因為是他告訴我，一個人可以生得不漂亮，但是一定要活得漂亮。無論什麼時候，淵博的知識、良好的舉止、優雅的談吐、博大的胸懷，以及一顆充滿愛的心，一定可以讓一個人活得足夠漂亮，哪怕你本身長得並不漂亮。」

一個名叫維克多．弗蘭克的德國精神醫學博士，他曾經在納粹的集中營裡，飽受飢寒凌虐的非人生活。在這隨時都有人死亡的人間地獄裡，弗蘭克不僅沒有絕望，反而在苦難中找到了生命的意義。

有一次，弗蘭克隨著漫長的隊伍由營區走向工地。天氣十分寒冷，他不斷想著這種悲慘生涯中層出不窮的瑣事，諸如：今晚吃什麼？鞋帶斷了，如何才能再弄一條來？

這種滿腦子只裝著芝麻小事的狀態，讓弗蘭克十分厭倦。他強迫自己把思路轉向另一個主題。突然間，他發現自己正置身於一間寬敞明亮的講堂，正面對來賓們發表演講，演講的題目則是關於集中營的心理學。那一刻他感覺自己身受的一切苦難，從科學立場上看，就全都變得客觀起來。此後，弗蘭克以一個精神醫學家的感覺來面對集中營的生活，一切難耐的苦難頓時成了弗蘭克興味盎然的心理學研究題目，他不再感覺痛苦。

假如你是一名普通的家庭主婦，每天陷於柴米油鹽醬醋茶中，買菜做飯，洗衣拖地，這樣手腳不停，做的是生活中一件件微不足道的小事，而且還要日復一日、年復一年地做下去，生活是繁瑣的，感覺是疲憊的。特別是在做好了飯菜，等人回家的時候，火氣便在等待中漸漸燃旺。而家庭中的口角與摩擦還時有發生，那麼你會怎麼辦？

作為一名妻子、母親，操心一家人的生活是無法推卸的責任，那麼，唯一可以改變的，便只有自己的心境了！

有一個主婦是這樣做的：一天，她做好了飯菜等著吃飯的人歸來，站在陽臺上，突然發現看著天上的白雲，等一個人回家，是一件多麼浪漫的事啊！於是，她不再覺得等待一個人是那麼可憐，這一發現讓她開始試著以快樂的心情面對生活。

她發現，那些曾讓她怨氣沖天的家務瑣事，其實或多或少都包含著樂趣。幾番整理，亂糟糟的家頓時變得整潔雅致。她一個人站在屋子中間高興地對自己說：「妳真能幹。」孩子回來不到十分鐘，沙發上的墊子就已全部錯位，而她，只是學著欣賞孩子的活潑。換了一種心境，使她從平凡瑣碎的生活中找到了樂趣。

轉個念不吃虧

活得漂亮，就是活出一種精神、一種品位、一份至真至性的精彩。一個人只要不自棄，沒有誰可以阻礙你進步。

活得漂亮的人也很少去計較身邊的小事，即便有時候吃點小虧也不怕，重要的是擁有一種輕鬆自在、不計較的心態，那麼，自然沒有誰可以阻止你快樂。

拯救別人，就是拯救自己

你可曾注意到周圍總有這樣一些人，他們老是不停地抱怨，感覺自己沒有得到理應得到的對待。他們斤斤計較自己的權利是否被侵犯了，自我感覺非常良好，好像自己做的每件事情都應該得到好評，甚至一些服務性機構中的志工，都忘記了自己當志工的初衷，開始在別人的讚譽中得到滿足，而不是因為自己給予別人幫助而獲得滿足。

我們做每件事都要保持一種樂於助人的態度，不要因為某項任務是「別人」的工作，就對它視而不見。其實，幫助別人就是幫助自己。

連續三個多月，丹尼餐廳的營業收入根本無法與成本持平，在經濟景氣時，這間小餐館也曾有過門外大排長龍的日子。而今晚，丹尼算了算帳款，他決定：餐廳就開到今天吧！他已無力再承擔虧損了。

應該是用晚餐的高峰時間，店裡卻只坐著一對父子，兩個人共點了一份套餐，孩子吵鬧著，父親先是不予理會，接著不耐煩地要孩子安靜。

此時，有個戴著帽子、臉色陰沉的男子走進店裡。丹尼上前招呼，心想：或許這就是餐廳最後一位客人了，不如多招待他一些吧！能做的雖然不多——幸運餐桌免費招待，但這小小的驚喜，或許能帶給他人一點快樂。

男子點完餐後，丹尼笑著對他說：「恭喜你！你所坐的位子，正是本日的幸運餐桌！不僅所有餐點免費，還可以獲得額外的招待哦！」

男子驚訝地看著丹尼，說：「沒想到我竟然這麼幸運！」丹尼笑著為男子送上招待的甜點，男子也露出笑容。隔壁桌的孩子看到了，吵著說：「爸爸，我也要吃甜點。」父親卻說：「沒錢，吵什麼吵！」看到了這一幕，男子對丹尼說：「那麼，我也將我的好運分一點給其他人吧！」

於是，他請丹尼將甜點送到那對父子的桌上。孩子看到甜點，開心得又叫又跳，那位父親也露出了笑容，走到男子的桌旁向他道謝。

隨後，兩個人坐下來聊天，才知道男子是一家小公司的老闆，名叫庫爾。庫爾問那位父親是做什麼工作的，只見他沮喪地回答，「我原是產銷經理，但因公司營運狀況不佳，已通知我做到月底……」

聽見這樣的回答，庫爾想了一想，說：「嗯，我的公司正在招聘業務方面的人才，你有興趣試試嗎？」

這位父親露出驚訝的表情：「這……當然好啊！」兩個人便約定了明日到公司面談的時間。

這天過後，丹尼決定再堅持一陣子，並在每天都選出一張幸運餐桌，招待坐在那張桌子上的客人。消息傳開後，許多人都好奇地要來碰碰運氣，而丹尼餐廳的人氣因此越來越旺。

幾年過去了，庫爾已是丹尼餐廳的老顧客，更是與丹尼成為了好友。有天，庫爾突然問丹尼，「你知道，當我第一次走進餐館的時候，心裡在想什麼嗎？」丹尼搖搖頭。庫爾淡淡地說：「其實，那天晚上，我走進餐館是打算飽餐一頓後，就想辦法結束自己的生命。」

庫爾繼續說道：「那天，我的妻子給了我一封信，信中說她再也無法忍受我因為工作忙碌而時常忽略她，所以決定與另一個男人遠走高飛。在那晚，我感到自己一無是處，我是那麼愛她，她卻感受不到，我對這世界真是灰心到了極點。」

庫爾抬起頭來，對丹尼微笑了一下，說：「但也就在那晚，我坐到了幸運餐桌！一開始，我內心覺得諷刺，但當我沒想太多，將幸運分給其他人，並看到其他人開心地回應時，我突然深深地覺得，自己還是有用的。於是，我開始重建自己的人生！」

丹尼看著庫爾，眼眶裡盈滿了淚水，他深深瞭解到：真正的幸運，其實是來自於不顧自己損失的無私給予，而自己，也正是那眾多幸運者中的一個！

轉個念不吃虧

人對人的真愛，往往就在於不計成本的付出。仔細品味生活中的人和事，你就會發現，那些得到回報的人，當初一定是不計成本、甘願貢獻的人。別忘了這句話：有付出才有回報。

只要你願意，你可以改變很多事；只要你願意，你可以帶給很多人快樂；只要你願意，你可以拯救很多人，包括你自己……

腦子是拿來用的

瑪格麗特．柴契爾夫人，一九二五年生於英格蘭林肯郡的格蘭瑟姆市。一九七九年五月，保守黨在大選中獲勝，她成為英國第一位女首相。她任職期間工作勤懇，政績卓著，被稱為「鐵娘子」。

瑪格麗特的父親羅伯茲是英國格蘭文森小城的一家雜貨店老闆。瑪格麗特五歲生日那天，父親把她叫到面前，語重心長地說：「孩子，妳要記住！凡事要有自己的主見，用自己的大腦來判定事物的是非，千萬不要隨波逐流、人云亦云啊！這是爸爸贈給妳的人生箴言，也是爸爸給妳的最重要的生日禮物，它比那些漂亮衣服和玩具對妳有用多了！」

從此，羅伯茲特意把女兒培養成一個堅強獨立的孩子，下定決心要塑造她「嚴謹、準確、注重細節、對正確與錯誤嚴格區分」的獨立人格。有了父親這樣一個「人生導師」，瑪格麗特堅實地成長著。

羅伯茲其實並不窮，但是家裡的生活設施卻很簡單，沒有洗澡間、熱水和室內廁所，更沒有值錢的東西。瑪格麗特有一陣子迷上了電影和戲劇，她幾乎每週都去一次電影院或劇院，玩得不亦樂乎。有一天當她的零用錢不夠而向父親「借」的時候，父親果斷地拒絕了。因為父親特意要為女兒營造一種節儉樸素、拼搏向上的氛圍。

從小，父親就要求瑪格麗特幫忙做家務，十歲時就在雜貨店顧櫃檯。在父親看來他給孩子安排的都是力所能及的事情，所以不答應女兒說「我做不了」或「太難了」的話，藉此培養孩子的獨立能力。

後來瑪格麗特入學後，她才驚奇地發現她的同學有著比自己更為自由和豐富的生活，勞動、學習和禮拜之外的天地竟然如此廣闊和多彩。他們一起在街上遊玩，可以做遊戲、騎自行車。星期天，他們又去春意盎然的山坡上野餐，一切都是這麼誘人！幼小的瑪格麗特心裡癢癢的，她幻想能有機會與同學們自由安閒地玩耍。有一天，她回家鼓起勇氣對嚴格的父親說：「爸爸，我也想去玩。」

羅伯茲臉色一沉，說：「妳必須有自己的主見！不能因為妳的朋友在做某件事情，妳就也得去。妳要自己決定妳該怎麼辦，不要隨波逐流。」見孩子不說話，羅伯茲緩和了語氣，繼續勸導瑪格麗特，「孩子，不是爸爸限制妳的自由，而是妳應該要有自己的判斷力，有自己的思想。現在是妳學習知識的大好時光，假如妳想和一般人一樣沉迷於玩樂，那樣一定會一事無成。我相信妳有自己的判斷力，妳自己做決定吧！」

聽了父親的話後，小瑪格麗特再也不吭聲了。父親的一席話深深地印在了她的腦海裡。她想：是啊，為什麼我要學別人呢？我有很多自己的事要做，剛買回來的書我還沒看完呢！

羅伯茲經常這樣教育女兒，要她擁有自己的主見和理想。特立獨行、與眾不同，最能顯示一個人的個性。隨波逐流只能使個性的光輝沉沒在芸芸眾生之中。

正是羅伯茲對女兒獨立人格的培養，才使柴契爾夫人從一個普通的女孩，最終成為一位連任三屆、執政十二年的英國首相，一位在世界政治舞臺上叱吒風雲的政治家。

假如你是父母，無論是偉大還是平凡，獨立的人格都是可以受用一生的寶貴財富。儘早教會孩子們獨立吧！讓他們自己吃飯穿衣，讓他們自己賺零用錢，讓他們用自己的頭腦和眼睛熟悉世界，讓他們成為他們自己！

「隨波逐流、人云亦云」其實質就是沒思想、沒主見。一個沒有思想的人，就如同行尸走肉般活在這個世上，對於世界而言，這種人可有可無。我們要的不僅僅是一個軀殼，而且更需要的是一個有血有肉、有靈魂、有思想的整體。

在上個世紀的四十年代，有一個年輕人，先後在慕尼黑和巴黎的美術學校學習畫畫。二戰結束後，他靠賣自己的畫為生。

一日，他一幅未署名的畫，被他人誤認為是畢卡索的畫而出高價買走。這件事情給他一個啟發，於是他開始大量地模仿畢卡索的畫，並且一模仿就是二十多年。

二十多年後，他一個人來到西班牙的一個小島，他渴望安頓下來，築一個巢。他又拿起畫筆，畫了一些風景和肖像畫，每幅都簽上了自己的真名。但是這些畫過於感傷，主題也不明確，沒有得到認可。更不幸的是，當局查出他就是那位躲在幕後的假畫製造者，考慮到他是一個流亡者，所以沒有判他永久的驅逐，而給了他兩個月的監禁。

這個人就是埃爾米爾·德·霍里。毋庸置疑，埃爾米爾有獨特的天賦和才華，但是由於沒有找準自己努力的方向，終於陷進泥沼不能自拔，並難逃敗露的結局。最可惜的是，他在長時間模仿他人的過程中，漸漸迷失了自己，再也畫不出真正屬於自己的作品了。

對人生而言，努力固然重要，但是更重要的則是選擇努力的方向。

轉個念不吃虧

生活中人云亦云的人很多，儘管他們自己有不同的想法，卻不能堅持己見。每做一個決定，總是猶豫不決，常常是朝令夕改。這樣的人無論其他方面多麼強大，總是容易被那些堅定的人擠到一邊，因此會失去很多機會，埋沒很多好想法。

腦子是拿來用的，我們應該獨立思考，不人云亦云、不盲從，拿出自己的魄力，堅持自己的意見和想法，不畏懼錯誤，即使錯了，我們也同樣得到了寶貴的經驗。

不捨一株菊花，哪得一村菊香？

一位老禪師在院子裡種了一棵菊花，第三年的秋天，院子成了菊花園，香味一直傳到了山下的村子裡面，凡是來寺院的人們都忍不住讚嘆，「好美啊！」

有一天，村子裡的人開口向老禪師要幾棵菊花種在自己的院子裡，老禪師答應了，並親自動手挑揀最好的菊花送給村子裡的人。於是，消息傳開了，前來要花的人接連不斷。在老禪師的眼裡，這些人都是那麼地知心和親切，所以凡來要花的人都給，不多日，院子裡的菊花就被老禪師送得一乾二淨。

沒有了菊花，院子裡就如同沒有了陽光一樣寂寞。

秋天的最後一個黃昏，弟子看到滿院的淒涼，忍不住說：「真可惜，這裡本應該是滿院的花朵與花香。」

老禪師對弟子笑著說：「你想想，這豈不是更好嗎？三年之後，將是一村的菊香。」

「一村菊香！」弟子不由心頭一熱，看著師父，只見他臉上的笑容比開得最美的花還要燦爛。

老禪師告訴弟子說：「我們應該把美好的事與別人一起分享，讓每一個人都感受到這種幸福，即使自己一無所有，心裡也是幸福的！這時候我們才真正地擁有了幸福。」

不捨一株菊花，哪得一村菊香？老禪師把美好的東西拿出來與別人一起分享，當別人臉上洋溢著笑容時，他感到很欣慰，因為他明白與別人分享幸福比自己占有幸福更幸福。捨，在佛家看來，就是對一切事物不起一點兒愛憎執著，並且能夠無私地為眾生付出。

很久以前，有一座山，山裡長著無數的蓽茇、胡椒以及其他各種藥草。蓽茇上常常棲息著一種鳥，名叫「我所鳥」。

每年春天藥草成熟時，許多人便來到這裡採摘藥草，用這些藥果治病，這時我所鳥總是悲傷地叫喚著，「這些是我的啊！你們不要採摘！我心裡真不願意誰來採摘啊！」

牠雖然這樣叫喊，但人們還是照舊採摘，一點也不理會牠的哭喊。這鳥命薄，憂傷地叫著，聲聲不絕，最後終於因為過於哀傷而死。

故佛有一偈曰：人執我所有，慳貪不能舍；縱以是生護，亦為無常奪。

「我所」就是我所有的房屋、眷屬、家產，這些身外之物可以利用它來維護我們的生命；而修行人所需要的僅是菜飯飽、布衣暖足矣，如貪求無厭，吝惜不舍，一旦失落，難免會像我所鳥那樣哀叫而死。

有一天，佛祖見路邊地下埋有黃金，就對弟子說：「地下有毒蛇。」佛祖走後，有個人不信，去挖土，挖出很多黃金來，一夜暴富，結果被人告發。國王責怪他沒有繳公，判了他的罪。所以佛祖說黃金就是毒蛇。

佛祖說，人所有財物為五家所有，哪五家呢？為水所漂，為火所燒，為賊所盜，為子所敗，為官府所抄。其實娑婆世界裡的一切，都不是用來擁有的，而是用來捨的。一個人捨下一切，則是真正的強大，無牽無掛；一個人擁有一切，便是沉淪苦痛的深淵。學會捨棄，免於物欲的奔逐、事物的執迷，才能獲得人生的自在與豁達。

在巴勒斯坦有兩個湖，這兩個湖給人的感覺是完全不一樣的。

其中一個湖名叫加里勒亞湖，水質清澈潔淨，可供人們飲用，湖裡面各種生物和平相處，魚兒游來游去，清晰可見。四周是綠色的田野與園圃，人們都喜歡在湖邊築屋而居。

另一個湖叫死海，由於水質的鹽度極高，湖裡沒有魚兒的游動，湖邊也是寸草不生，了無生機，景象一片荒涼，沒有人願意住在附近，因為它周圍的空氣都讓人感到窒息。

有趣的是，這兩個湖的水源是來自同一條河的河水。所不同的是，一個湖既接受也付出，而另一個湖在接受之後卻不付出。

讓河流動，方得一池清水，這是流水不腐的道理。捨而後得，這是人生的道理。

「捨得」一詞，是佛家語，是禪境語。本意是講萬丈紅塵撲朔迷離，人生在世總會有得有捨。

捨得，捨得，有捨才有得，凡事都要有取捨。生活中，有的人有房、有車、有錢，得到了許多物質的東西，但是他卻失去了很多精神的東西；有的人清貧如洗，兩袖清風，雖然他在物質上有所失去，但他的精神世界卻是豐富充盈的。

當你失去的時候，請不要悲傷沮喪，也許你會因失去而有所收穫；當你有所得的時候，也請不要得意驕傲，也許你會因為這份收穫而失去了什麼。

不管捨還是得，我們都要有一個平和的心態，因為上帝是公平的，世事是有因果的，捨也好，得也好，我們都應該微笑著面對，坦然地接受。

轉個念不吃虧

人生即是如此，有所失也有所得，在得與失之間蘊藏著不同的機會。因一時貪婪而不肯放手，無異於作繭自縛，錯過的將是人生最美好的事物，即使最後能獲得什麼，那也是一種得不償失！

人的生命只有一次，在明智的取捨中度過一生，才會無悔。

不要讓明天的煩惱透支今天的美好

阿和到佛前進獻合歡梧桐花，佛陀對他說：「放下吧！」阿和放下左手的一株花，佛陀又說：「你放下吧！」阿和又放下右手的一株花，佛陀再說：「你放下吧！」

阿和說：「我現在兩手都空了，還要放下什麼呢？」

佛陀說：「我不是叫你放下花，而是教你捨棄外境的色、聲、香、味、觸、法六塵，內心的眼、耳、鼻、舌、身、意六根，以及六塵與六根相應所生的見識，把它們全部捨去，直到沒有可捨的地方，才是你安身的地方。」

阿和當下大徹大悟。

放下，是一種束縛的解脫。只有體悟到永恆的真我，才能突破俗世的束縛。六祖慧能在未修行出家之前，就已看清外在的束縛是沒有意思的，唯有撥開一切外在的形式，才能體現物的本來面目，這才是真正的佛性。故而有一偈：菩提本無樹，明鏡亦非台；本來無一物，何處惹塵埃。

其實未開悟之前的佛祖和凡夫俗子一樣，常常被恐懼、沮喪、愁苦、欲望、無知所束縛，所不同的是他們懂得捨，能超越束縛，最終達到一種自在的境界。

有一個中年人，年輕時追求的家庭事業都有了基礎，但是卻覺得生命空虛，感到彷徨而無奈，而且這種情況日漸嚴重，到後來不得不去看醫生。

醫生聽完他的陳述，開了四服藥方，對他說：「你明天九點鐘以前獨自到海邊去，不要帶報紙雜誌，不要聽廣播，到了海邊，分別在九點、十二點、下午三點、下午五點，依序各服一劑藥，你的病就會好的。」

那位中年人將信將疑，但還是依照醫生的囑咐來到了海邊，看到晨曦中的大海，心靈為之一震，心情也跟著變得晴朗了。

九點整，他打開第一帖藥，裡面寫著「諦聽」二字。於是他坐下來，傾聽風的聲音、海浪的聲音，他感覺到自己的心跳與大自然的節奏是那麼地協調，很久沒有這麼安靜地坐下來聽了，彷彿自己的身心得到了清洗，突然覺得舒爽不少。

十二點，他打開第二帖藥，裡面寫著「回憶」二字。他開始從諦聽外面的聲音轉回來，回想起以前的種種：童年時的無憂、青年時的艱辛，父母的慈愛、朋友的友誼、生命的力量，於是熱情又重新燃燒起來了。

下午三點，他打開第三帖藥，裡面寫著「檢討你的動機」。他記得早年創業時，懷有遠大的理想，為了追求人們的福祉，他熱誠地工作。但等到事業有成了，全然忘記了當初的信念，只顧著賺錢，失去了經營事業的喜悅，又由於過於強調自我，也不再有關心別人的胸懷。想到這裡，他已深有領悟。

到了黃昏的時候，他打開最後一帖藥，裡面寫著「把煩惱寫在沙灘上」。他走進離海最近的沙灘，寫下了他的煩惱，可是一波海浪立即淹沒了它們，洗得沙上一片平坦，他愣住了。

這個中年人，最終悟出了生命的意義。在回家的路上，他再度恢復了生命的活力，空虛與彷徨也消失得無影無蹤了。

這則故事具有禪的意味，「把煩惱寫在沙灘上」，就是要放下，沙灘上的字被海水一沖就流走了，緣起性空才是生命的真相，能悟出這一層，放下就沒那麼困難了。唯有捨卻外物的附庸，方有真性靈的流露，方能成為自己的主人，這是生活本色的自然呈現。

轉個念不吃虧

天下本無事，庸人自擾之。放下束縛、捨卻重負，才能覺悟生命的真意。不要自尋煩惱，更不要讓明天的煩惱透支今天的美好。

在日常生活中，我們怎樣放下煩惱呢？具體的道理和方法很多，最重要的一點是：去掉自私和貪心。

活得糊塗的人，容易幸福

「聰明難，糊塗尤難，由聰明而轉入糊塗更難。放一著，退一步，當下安心，非圖後來福報也。」

活得糊塗的人，容易幸福；活得清醒的人，容易煩惱。這是因為聰明的人看得太真切、太認真了，生活中便煩惱遍地；而糊塗的人，計較得少，雖然活得簡單粗糙，卻因此覓得了人生的大境界。

兩個人在婚姻中朝夕相處久了，就容易「原形畢露」。這時候，夫妻雙方要學會包容，只要是無關原則的小缺點、小錯誤，就應該睜　隻眼，閉一隻眼，「糊塗」過去。

年僅二十六歲的小茜，美麗溫和，卻有著兩次失敗的婚姻，究其原因，就是她不懂得在婚姻中適時地假裝「糊塗」。

小茜的第一任丈夫是個會計師，雖然性格脾氣不算特別好，但是才華橫溢，對朋友也慷慨大方。當初小茜就是看上他的才華和豪爽，但在婚姻中，小茜卻發現他的優點變成了缺點。

有一次，朋友約她的丈夫去吃飯，酒喝得有點多，他很晚才回家。回來後他告訴她，公司事務繁忙，他一直在加班，後來有個客戶突然有事要談，於是應酬了一會。其實她在朋友那裡已經知道他下午幹什麼去了，對於他的撒謊，小茜非常地生氣，一直責怪他對自己說謊，兩個人越吵越厲害，最後丈夫摔門而去。

小茜覺得很委屈，心裡憋屈得難受。其實很多時候，她和丈夫吵架，責備的話一出口，她心裡已經沒有氣了，她只是想說出來一下，釋放一下自己，可是丈夫不懂得忍讓，一定要和她「硬碰硬」，令她氣上加氣。每次吵不到一會兒，丈夫就會摔門而去，她卻覺得氣還沒有發夠，便把氣悶在心裡，下次又不由自主地爆發起來。

在經濟問題上，他們也經常吵架。小茜經常責備丈夫花錢過度，一點也不為家裡考慮一下。而且丈夫還瞞著她存私房錢，用作自己的大額花銷。見她吵得凶了，他乾脆也豁出去，薪水非但不交給她，還自己想怎麼瀟灑就怎麼瀟灑，結果他們開始實行五五制。

這段婚姻，只維持了半年的時間，小茜便毫不猶豫選擇了離婚。

小茜的第二任丈夫，是她的初戀男友。其實，和第一任丈夫結婚後，每每發生爭執，她總會想到前男友。前男友出身略為窮困，戀愛時，他們在一起，總是她買單，他的某些舉止，也令她覺得太落伍。

然而，第一段婚姻的不幸，卻令她幾乎成天都在想著前男友的種種好處：他確實很小氣，但他心疼自己，從來不和自己吵架，有什麼事都讓著她；在他面前，她永遠是對的；她哭的時候，他也只是沉默地等著她發洩完後，守著她，再靜靜地遞紙巾給她。

她離婚那時，初戀男友還沒有結婚，心裡依然愛著她，她向他表述了自己的悔意，後悔當初沒有珍惜他。他因為心裡還有愛，也原諒了她。兩個人復合沒多久，便走進了婚姻的殿堂。

然而，她沒有吸取前次婚姻失敗的教訓，依然像以前那樣，對於丈夫的缺點，總是刻意睜大眼睛，挑剔無比。他不懂浪漫，情人節她想要花，他卻說花既不能穿又不能吃，放不了兩天就枯了，買來做什麼。他總是很節省，小氣得很。

他們一起出去，她總覺得他太笨了，衣著打扮比不上前夫的品味，而且與人打交道也老實木訥，緊張起來，還會口吃，哪像前夫在外面總是談吐得體、妙語連珠、風趣幽默，典型的外交家形象，前夫的這種氣質也曾深深地吸引過她。

最令她不能忍受的是，有一次，丈夫偷偷把錢寄給了鄉下的母親，卻對她說被小偷偷了。她很生氣，她也不是小氣的人，他怎麼能對她撒謊呢？於是她忍不住責備他，他依舊是一聲不吭，任她說。責備到後來，她覺得幾乎要發瘋了，就是對著一塊石頭說話也不會這麼痛苦。

她覺得再也無法忍受他的笨拙和吝嗇，以及他一心為鄉下家人的無限付出。這一段婚姻，最終又以失敗告終。

其實，小茜的兩任丈夫並非都不適合她，她的性情也並非很強悍，但遺憾的是，她不懂得適時假裝「糊塗」。如果小茜懂得在那些事上「糊塗」一些，再溫柔地去對待那些細瑣的小事，不論是和誰過日子，她都很容易得到一個幸福的婚姻。

聰明的女人，選擇了所愛的人，就應該學會包容他的缺點，而不是要求他事事得做得合乎自己的「理想」。只要有愛，沒有什麼問題過不去，如果非要抓著缺點不放，將那些不體面的事擺到檯面上說，只會給予婚姻致命的打擊。反之，懂得適時假裝「糊塗」，會使人感動並且心中會有甜蜜的感受，婚姻才能更幸福長久。

難得糊塗是一種人生境界。鄭板橋書寫的「難得糊塗」，是他一生的體驗和總結，成為一些人修練性情的格言。難得糊塗，是人屢經世事滄桑之後的成熟和從容，這種糊塗與不明事理的真糊塗截然相反，它是人生大澈大悟之後的寧靜心態的寫照。

轉個念不吃虧

難得糊塗是一種智慧，頓悟者寡，漸悟者多。從精明於世到「糊塗」一生是一種選擇，意味著要有所放棄。對於絕大多數人來說，放棄（權勢、名利、地位、財產等）是一個痛苦的過程，但是只有經過一番「痛苦」的洗滌、磨煉之後，才能夠使自己的心靈得到昇華，因此才謂之「難得」二字。

不計較，但你也別吃虧

作　　者　柴寶輝

發 行 人　林敬彬
主　　編　楊安瑜
特約編輯　李彥蓉
內頁編排　詹雅卉（帛格有限公司）
封面設計　曹雲淇
編輯協力　陳于雯、丁顯維

出　　版　大都會文化事業有限公司
發　　行　大都會文化事業有限公司
11051 台北市信義區基隆路一段 432 號 4 樓之 9
讀者服務專線：（02）27235216
讀者服務傳真：（02）27235220
電子郵件信箱：metro@ms21.hinet.net
網　　　址：www.metrobook.com.tw

郵政劃撥　14050529 大都會文化事業有限公司
出版日期　2018 年 04 月初版一刷
定　　價　320 元
ISBN　978-986-96238-1-0
書　　號　Growth-099

◎本書由吉林出版集團有限責任公司授權繁體字版之出版發行。

國家圖書館出版品預行編目(CIP)資料

不計較,但你也別吃虧 / 柴寶輝著. -- 初版. -- 臺北市：
大都會文化, 2018.03
320面；21×14.8公分
ISBN 978-986-96238-1-0 (平裝)

1.人生哲學

191.9　　　107002770

大都會文化
METROPOLITAN CULTURE

大都會文化
METROPOLITAN CULTURE